Denise M. E. Formaggia
Luiz Roberto Magossi
Paulo Henrique Bonacella

SUSTENTABILIDADE AMBIENTAL

UMA QUESTÃO DE CONSCIÊNCIA

Denise Maria Elisabeth Formaggia – Engenheira Civil formada pela Escola de Engenharia da Universidade Mackenzie. Especialista em Engenharia de Saúde Pública pela Universidade de São Paulo.

Luiz Roberto Magossi – Biólogo formado pela Universidade Mackenzie (SP). Ambientalista e geógrafo formado pela Universidade de São Paulo.

Paulo Henrique Bonacella – Professor e ambientalista. Ex-coordenador Geral do Ceacon – Centro de Estudos e Atividades de Conservação da Natureza.

1ª edição
São Paulo, 2015

MODERNA

COORDENAÇÃO EDITORIAL Lisabeth Bansi
ASSISTÊNCIA EDITORIAL Patrícia Capano Sanchez
PREPARAÇÃO DE TEXTO Ana Catarina Nogueira
COORDENAÇÃO DE EDIÇÃO DE ARTE Camila Fiorenza
CAPA Romolo, Will Silva
IMAGEM DE CAPA ©Tasso Marcelo/Estadão Conteúdo
GRÁFICOS E ILUSTRAÇÕES Will Silva
CARTOGRAFIA Anderson de Andrade Pimentel
DIAGRAMAÇÃO Michele Figueredo
PESQUISA ICONOGRÁFICA Rosa André, Maria Marques
COORDENAÇÃO DE REVISÃO Elaine C. del Nero
REVISÃO Andrea Ortiz
COORDENAÇÃO DE *BUREAU* Américo Jesus
TRATAMENTO DE IMAGENS Bureau São Paulo, Marina M. Buzzinaro
PRÉ-IMPRESSÃO Helio P. de Souza Filho
COORDENAÇÃO DE PRODUÇÃO INDUSTRIAL Wilson Aparecido Troque
IMPRESSÃO E ACABAMENTO Brasilform Editora e Ind. Gráfica

Dados Internacionais de Catalogação na Publicação (CIP)
(Câmara Brasileira do Livro, SP, Brasil)

Formaggia, Denise Maria Elisabeth
Sustentabilidade ambiental: uma questão de consciência / Denise Maria Elisabeth Formaggia, Luiz Roberto Magossi, Paulo Henrique Bonacella. – São Paulo: Moderna, 2015. – (Coleção polêmica)

ISBN 978-85-16-10130-5

1. Educação ambiental 2. Meio ambiente 3. Proteção ambiental 4. Recursos naturais - Conservação 5. Sustentabilidade I. Magossi, Luiz Roberto. II. Bonacella, Paulo Henrique. III. Título. IV. Série.

15-03276 CDD-304.2

Índice para catálogo sistemático:
1. Meio ambiente e sustentabilidade : Ecologia 304.2

DE ACORDO COM AS NOVAS NORMAS ORTOGRÁFICAS

EDITORA MODERNA LTDA.
Rua Padre Adelino, 758 - Belenzinho
São Paulo - SP - Brasil - CEP 03303-904
Vendas e Atendimento: Tel. (11) 2790-1300
www.modernaliteratura.com.br
2015

Impresso no Brasil

Sumário

1. A linha do tempo

Nunca se falou tanto sobre sustentabilidade como nos dias atuais. Pela primeira vez na história da humanidade o ser humano constata que ele próprio coloca em risco sua sobrevivência neste planeta e conscientiza-se de que a forma como vem vivendo e convivendo com seus semelhantes e outros entes viventes, baseada na exploração desenfreada dos recursos naturais, resultará – se nada for feito para alterar essa situação – na impossibilidade de manter as condições mínimas necessárias para a existência do *Homo sapiens* nesta nave que viaja pelo Universo e que chamamos de Terra.

Saber como o ser humano interage com o ambiente que o cerca desde seu surgimento neste planeta é um passo importante para compreender os motivos pelos quais estamos hoje em um momento crucial de nossa história e o porquê de necessitarmos mudar, urgentemente, conceitos e hábitos de vida que até hoje não questionamos, ou simplesmente ignoramos.

Convidamos você, leitor, a nos acompanhar em um passeio pela linha do tempo da história da humanidade, focando nossa atenção sobre a forma como procuramos sobreviver a um meio hostil, construir sociedades complexas, desenvolver nossa intelectualidade e, finalmente, subjugar o planeta, esquecendo-nos de que fazemos parte da maravilhosa **teia da vida**. Como aprendemos com as leis da Física, toda ação resulta em reação igual e em sentido contrário e, portanto, tudo o que fizermos contra as leis da Natureza um dia, mais cedo ou mais tarde, se voltará contra nós. São justamente essas consequências que estamos sentindo atualmente em diversos aspectos de nossas vidas.

A confecção de ferramentas, o domínio do fogo e a dispersão do homem pelo planeta

O *Homo erectus*, cujo cérebro corresponde a três quartos do cérebro do homem atual, surgiu possivelmente na África e, segundo estudos, sobreviveu por aproximadamente 100 mil anos, aparecendo então o *Homo sapiens*. Há cerca de 30 mil anos surge o correspondente ao homem moderno – o *Homo sapiens sapiens*.

O progresso da espécie humana e sua dispersão por todo o planeta devem-se basicamente a quatro fatores: o aumento do tamanho do cérebro (importante para o desenvolvimento do intelecto); a capacidade de se firmar e andar sobre dois pés (facilitou a mobilidade e liberou as mãos para a utilização de instrumentos); o desenvolvimento da fala (possibilitou a comunicação entre membros da espécie) e a criação de métodos de adaptação ao ambiente hostil (ferramentas, roupas, domínio do fogo etc.).

Estima-se que a capacidade do ser humano de produzir e utilizar o fogo em seu proveito tenha ocorrido há cerca de 500 mil anos.

Aproximadamente 10 mil anos atrás, após 2 milhões de anos de sobrevivência da espécie pela prática do extrativismo e da caça, o homem iniciou a busca de uma nova tecnologia que alteraria para sempre seu modo de vida no planeta. É o que veremos a seguir.

O domínio das técnicas de plantio e a domesticação dos animais

Estima-se que antes da evolução da agricultura, 10 mil anos atrás, a população humana em todo o planeta fosse de aproximadamente 4 milhões de pessoas e que tenha aumentado lentamente até atingir 5 milhões em 5 mil a.C. A partir de então a população humana mundial passou a apresentar um crescimento exponencial até atingir 50 milhões em 1.000 a.C., passando a 100 milhões em 500 a.C. e a 200 milhões em 200 d.C. Em seguida, sucederam-se períodos instáveis de fome e pestes, e a população mundial está, hoje, no patamar de 7 bilhões de pessoas, que dependem fortemente da agricultura.

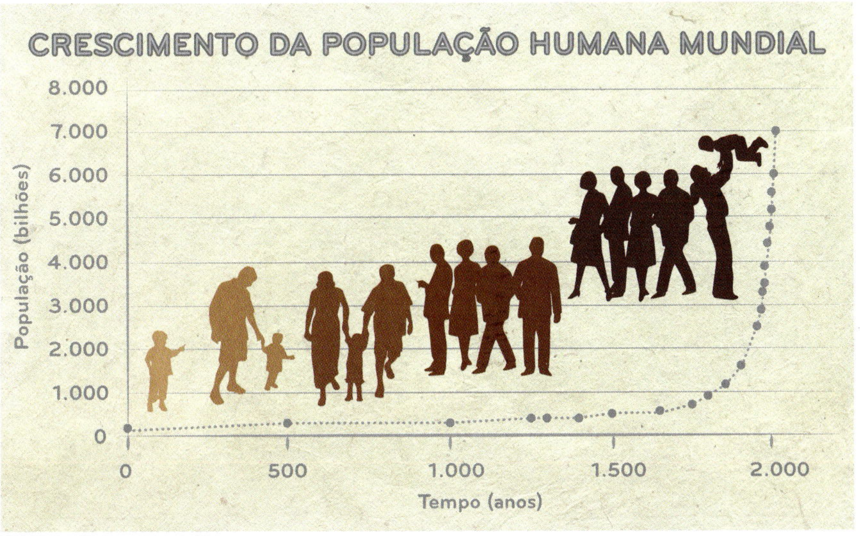

© WILL SILVA

Fonte: United States Census Bureau, 2013.

Por volta de 2.000 a.C. todas as atividades agrícolas mais importantes e a domesticação de animais, que formam o sistema agropastoril atual, já estavam estabelecidas.

A agricultura mudou a percepção do homem em relação aos alimentos. Enquanto as comunidades que sobreviviam da caça e do extrativismo consideravam o alimento um bem comum a ser compartilhado por todos e, portanto, sem um proprietário definido, com o desenvolvimento das técnicas agrícolas introduziu-se no seio das comunidades o sentido de propriedade sobre o alimento produzido, ou seja, o senso comunitário "evoluiu" para o individualismo, e esse sentimento é uma das causas de nossa relação equivocada com a natureza.

© JEKA84/SHUTTERSTOCK

O trigo foi provavelmente uma das primeiras espécies vegetais a serem "domesticadas" pelo homem.

O domínio das técnicas de plantio e de domesticação de animais proporcionou uma fonte permanente de alimento, o que provocou uma grande mudança: as comunidades passaram a ser cada vez mais sedentárias, o que levou à constituição de povoações maiores que, mais tarde, permitiriam o desenvolvimento de sociedades mais complexas, tanto do ponto de vista tecnológico e material como também espiritual. Vejamos como isso ocorreu.

Construindo cidades

Com a prática da agricultura, o homem tornou-se mais sedentário e houve excedente na produção de alimentos. Como nem todos os membros da comunidade precisavam dedicar-se ao plantio, uma vez que as necessidades de alimento estavam supridas, surgiram outros setores de atividade, com a formação de grupos especializados em tarefas como a cerâmica (inventada há aproximadamente 6.000 a.C.) e a produção de outras ferramentas e utensílios de uso coletivo e individual.

Alguns grupos se dedicaram à liderança da comunidade (precursora dos sistemas de governança) e à condução de rituais e práticas ligadas à espiritualidade (precursora das religiões). Foi assim, com o sedentarismo e a diversificação de atividades, que surgiram as primeiras cidades.

Os primeiros assentamentos humanos estabeleceram-se ao longo dos rios pela facilidade de obtenção de água, tanto para consumo da comunidade como para irrigação das plantações e atendimento das necessidades dos animais domesticados.

Com o crescimento populacional das cidades e o consequente aumento da complexidade social, surgiram rivalidades motivadas pelo espaço e pelos recursos naturais disponíveis. Foi necessário, então, estabelecer mecanismos de defesa por meio da construção de muralhas em torno das cidades ou pela constituição de força militar.

Eridu foi a mais meridional das cidades-estado do sul da Mesopotâmia e uma das primeiras cidades mencionadas na História.

As exigências dos esforços de guerra e de segurança geraram a necessidade de maior controle e gestão das cidades. Por volta de 2.500 a.C. a terra deixou de ser propriedade da elite religiosa ou da comunidade e passou a pertencer a indivíduos. Surge, então, o conceito de propriedade privada, completando dessa forma a estratificação social das cidades (sociedade de classes), com famílias proprietárias de terras, e dominando as forças políticas das cidades.

Com a descoberta dos usos do cobre, inicia-se mais um processo de exploração do meio ambiente, visto que o mineral teria de ser extraído do subsolo. Já a roda seria adaptada para veículos de tração animal, simplificando a vida na lida agrícola e no transporte de mercadorias e sendo utilizados também na arte da guerra.

Entretanto, a mais importante invenção humana foi a escrita, estimulada pela necessidade dos templos (elite religiosa) de controlar os estoques e a distribuição dos alimentos à população. A escrita facilitou o controle de dados necessários à administração da propriedade e das cidades, além de possibilitar o registro da História, permitindo o repasse de informações às futuras gerações. As primeiras escritas eram feitas em tábuas de barro cozido encontradas até hoje no Oriente Médio.

Os primeiros passos do homem rumo à construção de cidades e sociedades estratificadas e complexas foram dados na Mesopotâmia, há aproximadamente 5.000 a.C. Desenvolvimentos semelhantes, porém independentes, se repetiram no Egito um pouco mais tarde do que na Mesopotâmia e posteriormente no Vale do Indo, na China, na América Central e no Peru.

Constata-se, pois, que a implantação de cidades e a estratificação social das comunidades ocorreram basicamente devido:

- ao desenvolvimento da agricultura e da domesticação de animais, o que permitiu a fixação das comunidades em determinada área;
- ao controle de estoques excedentes para garantia da sobrevivência da espécie em épocas de entressafra e/ou colheitas insuficientes;
- ao controle dos recursos hídricos para a dessedentação humana e de animais, bem como para irrigação das plantações.

Portanto, o surgimento das cidades possibilitou ao homem melhores condições de sobrevivência e de desenvolvimento tecnológico, cultural e espiritual. Sociedades mais complexas exigiram cada vez mais aporte de recursos naturais para atender às demandas crescentes por terras (uso agrícola e pastos), por recursos hídricos (dessedentação de homens, animais e irrigação) e pesqueiros (alimentação), por madeira (construção de edificações, ferramentas, embarcações e energia), pedras (construção) e minérios (ferramentas, armas, energia, utensílios e objetos de adorno).

2. Como tudo começou

A longa caminhada da civilização humana desde eras primitivas até hoje não teria sido possível sem a utilização da **energia**. A sobrevivência do ser humano no planeta tem se pautado pela busca permanente de energia para facilitar sua vida e manter uma sociedade cada vez mais complexa.

Na época em que era um ser nômade, o máximo de energia que o homem primitivo utilizava era sua força física, para caçar e se defender de predadores, e o fogo (lenha), para se aquecer e assar a carne de que se alimentava. Posteriormente, à medida que se tornava sedentário com o domínio das técnicas de plantio e a construção das cidades, foi necessário lançar mão de outras formas de energia, como a força física dos animais para tração. Com o avanço da tecnologia, surgiu a utilização da força do vento para movimentar os moinhos que trituravam o trigo, por exemplo.

Na Idade Média, além da lenha, passou-se a utilizar o carvão para aquecimento das residências. A Revolução Industrial – iniciada na Europa (especialmente na Inglaterra) no fim do século XVIII e início do século XIX – representou um marco na história da humanidade e mudou radicalmente a forma de vivermos em sociedade e de convivermos com o meio ambiente.

Até então, toda a produção humana era resultante de trabalho manual (artesanal), podendo até contar com a força física dos animais domesticados no trabalho pesado (transporte, agricultura etc.). Com a invenção das máquinas durante a Revolução Industrial, as tarefas passaram a ser executadas mais rapidamente e a exigir menor esforço físico do homem, mas, por outro lado, surgiu a exploração da classe operária, submetida a uma carga horária excessiva (muitas vezes superior a 15 horas diárias) e a condições insalubres no ambiente de trabalho.

Essa situação de exploração por parte dos empregadores motivou posteriormente inúmeras revoltas dos trabalhadores, culminando na Revolução Socialista, no início do século XX.

Uso de trabalho infantil durante a Revolução Industrial na Inglaterra.

Para funcionar, as máquinas precisavam de energia e a mais abundante na época era o carvão. E aí começaram os problemas de saúde humana (devido à fumaça produzida pela queima do carvão) e ambiental, visto que o carvão é produzido a partir da queima da madeira (carvão vegetal) ou extraído do subsolo (carvão mineral ou natural).

Alguns historiadores costumam dizer que a Revolução Industrial pode ser dividida em três etapas. A primeira seria a que se iniciou na Inglaterra, no período de 1760 a 1860, com a invenção em 1698 da máquina a vapor atribuída ao inglês Thomas Newcomen, aperfeiçoada por James Watt em 1765.

Fundição de cobre em Swansea, Gales, século XIX.

A segunda etapa da Revolução Industrial ocorreu no período entre 1860 e 1900, com a utilização da energia elétrica e dos derivados do petróleo (óleo diesel, óleo combustível, gasolina, querosene e gás liquefeito de petróleo). Essa segunda fase da Revolução Industrial permitiu um avanço tecnológico fantástico da sociedade humana, o que ocorre até hoje, mas a um preço muito alto, não somente para o homem, mas especialmente para o planeta.

A terceira etapa da Revolução Industrial seria, na visão de alguns historiadores, o período após o século XX, quando novas formas de energia (nuclear, eólica, biomassa, solar etc.) são pesquisadas e aplicadas em complementação ou substituição ao petróleo ou à energia elétrica gerada por termelétricas.

Atualmente, a principal fonte de energia utilizada pelo homem provém do uso dos combustíveis fósseis (petróleo, carvão e gás natural), porém existem três grandes problemas associados ao uso dessa fonte de energia:

- A exaustão das reservas – estima-se que as reservas de petróleo devam esgotar-se em 41 anos, as de gás natural em 64 anos e as de carvão em 241 anos.
- A segurança do abastecimento – como as reservas naturais de combustíveis encontram-se sob o domínio de alguns países, fatores políticos podem influenciar os preços dessas fontes de energia (como ocorreu, em 1973, com a crise do petróleo). A dependência desses combustíveis também poderá ser usada como instrumento de ameaça para imposição de poder político e econômico, desequilibrando seriamente a tênue harmonia geopolítica mundial.
- Impactos ambientais – embora o planeta passe por transformações naturais ao longo de sua existência, o consumo de energia pelo homem impacta tremendamente a saúde do planeta. No nível "micro" resulta em inúmeros problemas de saúde humana, decorrentes da poluição do ar, da água e do solo proveniente de todo o processo de exploração, beneficiamento e utilização das diversas formas de energia de origem fóssil. No nível "macro" as consequências são sentidas pelo efeito estufa decorrente das emissões dos gases produzidos pela queima de combustíveis fósseis, que resulta na amplificação e aceleração das mudanças climáticas pelas quais a Terra vem passando, com impactos imprevisíveis e desconhecidos na vida do planeta.

O conhecimento científico que acompanha o desenvolvimento da sociedade humana tem resultado em uma percepção de que algo deve ser feito para alterar a rota pela qual a humanidade tem seguido em sua busca incessante por energia. Isso considerando não somente os impactos ambientais, mas principalmente a sobrevivência da humanidade ou, no mínimo, o risco de alterações negativas profundas em nosso modo de vida atual. É o que veremos nos capítulos seguintes.

FONTES DE ENERGIA

PCH

HIDRELÉTRICA

© RONNIE CHUA/SHUTTERSTOCK

SOLAR

ONDOMOTRIZ

© ALEX MIT/SHUTTERSTOCK

MAREMOTRIZ

© LUCIANA WHITAKER/PULSAR IMAGENS

EÓLICA

© ANGELA CRIMI/SHUTTERSTOCK

© ELXENEIZE/SHUTTERSTOCK

BIOMASSA

© JUERGEN FAELCHLE/SHUTTERSTOCK

© GLOBAL WARMING IMAGES/REX FEATURES/GLOW IMAGES

GEOTÉRMICA

© N.MINTON/SHUTTERSTOCK

3. O que começamos a fazer

Primavera silenciosa: um dos livros que mudaram o mundo

Desde a época em que o homem dominou as técnicas de plantio até o século XIX de nossa era, a garantia da produção de alimentos em quantidade e qualidade que garantisse a sua sobrevivência sempre esteve à mercê de fatores ambientais, como clima, pragas, qualidade do solo e ocorrência de chuvas.

A partir do final da década de 1950, a utilização de fertilizantes químicos e dos chamados defensivos para o controle de pragas resultou no que se denominou "Revolução Verde", que permitiu ao ser humano aumentar a produtividade agrícola e ampliar sua capacidade de armazenamento de alimentos. Esse fenômeno, aliado ao desenvolvimento da medicina e à melhoria das condições de saneamento básico e higiene, resultou em uma explosão populacional nunca antes vivenciada pela história humana, conforme vimos no capítulo 1.

A nova fronteira agrícola, com a utilização maciça de produtos químicos, não foi acompanhada da necessária avaliação de seu impacto na natureza porque, até então, o ser humano não tinha noção da profunda interdependência entre todos os organismos vivos, sejam eles vegetais ou animais. Entretanto, em 1962 foi publicado, nos Estados Unidos, o livro *Primavera silenciosa*, de Rachel Carson. Esse livro, considerado um marco do movimento ambientalista mundial, denunciou de forma contundente o impacto que a natureza estava sofrendo devido à aplicação desenfreada de produtos químicos em ambientes agrícolas e urbanos para o controle de pragas. Carson descreveu em seu livro de que forma os inseticidas à base de hidrocarbonetos clorados e organofosforados alteravam o processo metabólico de plantas e animais e, por consequência, atingiam o ser humano por intermédio da cadeia alimentar.

O movimento ambientalista

Para todos os efeitos, vamos considerar ambientalismo o conjunto de "todas as formas de comportamento coletivo que, tanto em seus discursos como em sua prática, visam corrigir formas destrutivas de relacionamento entre o homem e seu ambiente natural, contrariando a lógica estrutural e institucional atualmente predominante", segundo uma clássica definição do eminente sociólogo Manuel Castells (Castells, 2000. p. 141-168).

Interessante notar que, como movimento social, o ambientalismo surgiu de modo difuso, em épocas diferentes, dependendo do local que se considere, e por motivos diferenciados relacionados, geralmente, a problemas ambientais de alcance regional. Não houve, portanto, um fato único ou personagem histórico que possamos considerar como seu gerador.

No início, esse movimento abrigou pessoas que chegaram ao consenso de que era necessário organizar grupos destinados a tratar da questão ambiental em suas várias dimensões. Esses grupos, por sua vez, originaram as primeiras organizações não governamentais, as chamadas ONGs. A elas agregaram-se setores dissidentes da comunidade científica, preocupados e engajados em fazer algo a favor do meio ambiente. Tratava-se, então, de uma pequena minoria, que em pouco tempo apresentou extraordinário crescimento, tornando o ambientalismo uma prática instituída que evoluiu para movimentos nacionais e até mesmo internacionais.

© BRUNO MIRANDA/FOLHAPRESS

Evento da ONG SOS Mata Atlântica em São Paulo.

Diante do quadro de degradação social e ambiental em escala global, o ambientalismo propunha um novo sistema de valores pós--materialista, que teria como pilar de sustentação o equilíbrio ambiental com justiça social. Nos países ricos, ou países centrais, como também são chamados, a maioria da população já tinha suas necessidades materiais atendidas, enquanto nos países pobres, ou periféricos, a maioria da população vive até hoje em condições de miséria, sugerindo que essa degradação tornou-se mais grave nos países pobres (Viola, 1988).

O ambientalismo, ao longo de toda a sua existência, tem colocado em debate os grandes temas da crise ambiental global, como mudanças climáticas, diminuição da camada de ozônio, extinção de espécies, desmatamento, uso de agrotóxicos, urbanização desenfreada, explosão demográfica, poluição do ar e da água, contaminação de alimentos, erosão dos solos, diminuição das terras agricultáveis pela construção de grandes barragens, ameaça nuclear, entre outros.

No Brasil, os primeiros registros em defesa do meio ambiente são da década de 1950. Em 1955 foi fundada a União Protetora do Ambiente Natural (Upan), no Rio Grande do Sul; ainda na mesma década, três anos depois, foi criada no Rio de Janeiro a Fundação Brasileira para a Conservação da Natureza (FBCN) e, em 1966, teve início a Campanha pela Defesa e Desenvolvimento da Amazônia.

José Lutzenberger e a Associação Gaúcha de Proteção ao Ambiente Natural (Agapan) lutaram para que o país adotasse o termo **agrotóxico** em vez de **defensivos agrícolas** ao se referir aos pesticidas usados nas plantações.

Na década seguinte, isto é, nos anos 1970, as ações dos movimentos ambientalistas eram pontuais, como a mobilização contra a construção no país de usinas nucleares e de grandes usinas hidrelétricas e empreendimentos que de certa forma promoviam riscos ambientais. Naquele momento, estabeleceram-se duas posições opostas: de um lado, os chamados preservacionistas, que pregavam a preservação das matas e de todos os ecossistemas ameaçados; e de outro os ditos desenvolvimentistas, que colocavam em segundo plano a preservação do meio ambiente em prol do desenvolvimento econômico.

A partir da segunda metade da década de 1980, o movimento ambientalista entrou definitivamente no cenário político do país, com o retorno de exilados brasileiros promovido pelo processo de anistia. Com eles, a consciência ambiental, já mais consolidada na Europa, foi inserida entre as forças do jogo político-partidário no Brasil, principalmente no estado do Rio de Janeiro, culminando com a eleição de membros do movimento para o poder legislativo de algumas cidades e estados da federação.

Nesse período, o discurso ambientalista ainda não encontrava grande ressonância na sociedade civil, devido ao seu isolamento dos outros movimentos sociais, já que sua única prioridade era garantir a qualidade ambiental, ignorando as demais demandas sociais. Diante desse isolamento, o movimento ambientalista no Brasil viu-se obrigado a mudar o discurso, articulando junto com a sociedade e os demais movimentos a necessidade de aprimorar instrumentos legais de gestão do meio ambiente, o que levou à profissionalização do movimento.

A fundação do Partido Verde (PV) aconteceu em janeiro de 1986, no Teatro Clara Nunes (RJ), e contou com a presença de personalidades como Fernando Gabeira, Lucélia Santos, Alfredo Sirkis, John Neschling, Luis Alberto Py, Carlos Minc, Herbert Daniel e Guido Gelli.

Já na década de 1990, o movimento ambientalista passou a contar com o apoio de outros grupos, como entidades científicas, movimentos sociais e de empresários, que também começaram a defender a busca de um modelo de desenvolvimento sustentável. Ocorreu, naquele momento, uma evolução na cultura ambientalista do país, pois as entidades e associações ambientalistas deixaram a mera prática da denúncia e incorporaram, como forma de ação, a elaboração de alternativas viáveis de conservação e de recuperação dos ambientes degradados.

Houve, ainda, forte amadurecimento do movimento ambientalista no Brasil durante a preparação da Conferência Rio-92, com sua inserção no cenário mundial por intermédio de uma rede internacional de interações do movimento. Este talvez tenha sido o grande momento do movimento ambientalista brasileiro: a criação de fóruns multinacionais e redes de cooperação cujo principal objetivo era a expansão e a consolidação do caráter multissetorial do ambientalismo.

Entre os diversos cenários e atores do ambientalismo brasileiro, foi no interior da floresta Amazônica, mais precisamente no estado do Acre, que o movimento mais se destacou e chamou a atenção do mundo, por sua luta contra os desmatamentos ilegais da maior floresta do planeta e pela defesa da exploração racional e sustentável da floresta e dos interesses dos povos que lá viviam. O principal protagonista dessa luta foi Chico Mendes. Por sua atuação na defesa dos seringueiros e da floresta, Chico Mendes recebeu vários prêmios internacionais de defesa do meio ambiente, como o Global 500, oferecido pela própria ONU. Entretanto, por causa das denúncias que promoveu contra os fazendeiros da região e de sua capacidade de liderança junto aos povos da floresta, Chico Mendes foi assassinado em 22 de dezembro de 1988, em sua própria casa.

As conferências mundiais sobre meio ambiente e suas consequências

O mundo, após a 2ª Grande Guerra, vivenciou um desenvolvimento absolutamente inédito em termos tecnológicos. O avanço da medicina, o desenvolvimento da indústria química, as tecnologias inovadoras que possibilitaram o aumento da produtividade agrícola e pecuária, o avanço das telecomunicações e dos meios de transporte, tudo isso traçava um futuro promissor para a humanidade, no qual doenças infecciosas seriam controladas, a expectativa de vida aumentaria, a fome deixaria de ser uma ameaça, as distâncias seriam encurtadas pelos meios de transporte mais rápidos e acessíveis, e os meios de comunicação transformariam o mundo em uma pequena aldeia global.

No entanto, todo esse avanço civilizatório cobraria um terrível preço. A industrialização crescente e a aplicação desenfreada de produtos químicos na agricultura trouxeram um subproduto indesejável e de forte impacto: a poluição do ar, das águas e do solo. As bombas atômicas de Hiroshima e Nagasaki, lançadas sobre o Japão com o argumento de abreviar a 2ª Guerra Mundial, trouxeram à humanidade outra ameaça não existente até então: a do holocausto nuclear.

Era necessário refletir profundamente sobre o que estava acontecendo com o planeta e, por isso, a Organização das Nações Unidas (ONU) decidiu, em 1968, convocar a Conferência das Nações Unidas sobre o Meio Ambiente Humano, que somente se concretizaria em junho de 1972, em Estocolmo, capital da Suécia. Essa conferência chamou a atenção das nações para a degradação da natureza provocada pela ação humana, que colocava em risco a sobrevivência da própria espécie. Marcado por uma visão antropocêntrica do mundo (que considera o homem o centro de toda a vida do planeta), o ser humano desconsiderava-se parte integrante da grande teia da vida.

Participaram da conferência representantes de 113 países, 250 organizações não governamentais, além dos órgãos da própria ONU. O encontro foi pontuado por duas posições antagônicas: de um lado, a dos países desenvolvidos, que defendiam uma proposta conservacionista em face da degradação crescente do planeta; e de outro a dos países ditos subdesenvolvidos, que entendiam não poder preservar seu meio ambiente, pois necessitavam de recursos naturais para promover seu próprio desenvolvimento, como haviam feito no passado os países do 1º mundo.

Em 1988 a Assembleia Geral da ONU aprovou uma resolução determinando que se organizasse uma Conferência sobre Meio Ambiente e Desenvolvimento até 1992. No ano seguinte, 1989, a ONU convocou a Conferência das Nações Unidas sobre Meio Ambiente e Desenvolvimento (Cnumad), denominada, a partir de então, de Cúpula da Terra, que deveria ser realizada em junho de 1992, para coincidir com o dia Mundial do Meio Ambiente.

A Conferência sobre Meio Ambiente e Desenvolvimento realizou-se no Rio de Janeiro de 3 a 14 de junho de 1992. Contou com a presença de 172 países (apenas seis membros das Nações Unidas estiveram ausentes), representados por aproximadamente 10.000 participantes, incluindo 1.400 ONGs, 9.000 jornalistas e 116 chefes de Estado ou de governo que buscavam meios de conciliar o desenvolvimento socioeconômico com a conservação e proteção dos ecossistemas da Terra.

Como resultado dessa conferência, foram assinados cinco importantes documentos que deveriam, a partir de então, ser elementos norteadores das políticas de desenvolvimento de todos os países signatários. São eles:

- **Declaração do Rio sobre Meio Ambiente e Desenvolvimento**: trata-se de uma Carta com 27 princípios, com o objetivo de estabelecer uma nova relação entre o homem e o planeta, baseada na proteção dos recursos naturais, na busca do desenvolvimento sustentável e na melhoria das condições de vida para todos os povos da Terra.
- **Agenda 21:** este documento destaca-se por ser fruto de um lento processo de amadurecimento de ideias sobre a compatibilização entre o desenvolvimento econômico e a proteção ambiental, resultante de inúmeros debates da comunidade internacional ocorridos entre as conferências de 1972 e de 1992. A Agenda 21 consiste, portanto, em um abrangente plano de ação a ser implementado por governos, agências de desenvolvimento, organizações das Nações Unidas e grupos setoriais independentes para todas as áreas em que a atividade humana possa afetar o meio ambiente. Trata-se de uma "agenda" de ações com temas, projetos, objetivos, metas, planos e mecanismos de execução, divididos em 4 seções, 40 capítulos, 115 programas e aproximadamente 2.500 ações a serem implementadas.
- **Declaração de Princípios sobre Florestas:** a formulação deste documento enfrentou inúmeras dificuldades durante o processo de negociação entre os governos e diversos setores envolvidos. Países em desenvolvimento com grandes florestas em seu território, como Brasil, Índia, Nigéria, Quênia, Congo, entre outros, liderados pela Malásia, conseguiram transformar esta declaração, que deveria ser uma Convenção sobre Exploração, Proteção e Desenvolvimento Sustentável de Florestas, em uma mera

Declaração de Princípios, sem nenhuma força jurídica no plano internacional, além de conseguirem excluir qualquer menção sobre a necessidade de se organizar uma convenção futuramente.

- **Convenção da Biodiversidade:** a biodiversidade é, até hoje, o tema que mais coloca em confronto o posicionamento ideológico dos países dos hemisférios Norte e Sul. O Worldwatch Institute calcula que existam mais de 10 milhões de espécies de seres vivos no planeta, dos quais apenas 1,4 milhão seja conhecido, sendo que a maioria encontra-se nos países em desenvolvimento. Entretanto, é justamente nos países desenvolvidos que a ciência da biotecnologia encontra-se em franco desenvolvimento, com pesquisas orientadas no sentido de conhecer e manipular geneticamente diversas variedades de recursos biológicos que tenham potencial comercial para a indústria, principalmente a farmacêutica.
- **Convenção sobre Mudança do Clima:** um dos problemas globais considerados mais graves, devido a seu impacto em todo o sistema planetário, é a questão das alterações climáticas decorrentes da concentração de alguns gases na atmosfera, especialmente o vapor d'água, o dióxido de carbono (CO_2), o ozônio, o óxido nitroso, o metano e os clorofluorcarbonetos (CFCs), resultando no que se convencionou denominar "efeito estufa", devido ao aquecimento do ar promovido pelo incremento desses gases.

Após 1992, a ONU organizou conferências de avaliação das propostas elaboradas na Cúpula de Terra no Rio de Janeiro. Assim, surgiram:

- O Fórum Rio+5 no Rio de Janeiro, em 1997, que resultou na elaboração e assinatura de uma Declaração de Compromisso, na qual são reiterados os acordos da Conferência Rio-92, garantindo a continuidade da implementação das determinações.

- O Fórum Rio+10 em Johanesburgo, na África do Sul, em 2002. Considerando os documentos produzidos em conferências passadas, não houve muita novidade. Entre os desafios expressos no documento final da conferência destacam-se: a continuidade de diversos problemas ambientais de caráter global; os benefícios e custos desiguais resultantes da globalização; a pobreza como fator de risco para a democracia; a importância de garantir a biodiversidade; a melhoria da qualidade de vida por meio do acesso ao saneamento básico, energia, saúde e segurança alimentar.
- Em meio a uma crise financeira mundial, a Rio +20, realizada no Rio de Janeiro em 2012, avançou menos do que se esperava. Houve discussões que revelaram avanços sem precedentes no conhecimento sobre os limites do planeta – conceito indispensável para determinar uma agenda dedicada à sustentabilidade global. No entanto, nada disso se refletiu no documento final da conferência, com 53 páginas, intitulado "O futuro que queremos", que se resumiu em uma carta de intenções, o lançamento de objetivos de desenvolvimento sustentável, deixando para o futuro a definição de medidas práticas para garantir esse tipo de desenvolvimento.

Os desafios para a sobrevivência do homem no planeta

Inúmeras conferências foram organizadas com a participação de chefes de Estado, de representantes dos meios técnico e científico, além da sociedade civil organizada. Contudo, apesar dos acordos e compromissos firmados, muito pouco temos avançado no sentido de realmente mudarmos nosso paradigma de desenvolvimento, e continuamos a caminhar para um precipício, apesar de todas as evidências de que o modo de vida adotado por nossa sociedade atual não pode continuar. Por que isso ocorre é o que tentaremos abordar nesta seção.

Conferência Rio +20 em junho de 2012, RJ, Brasil.

Até a década de 1970 a degradação ambiental crescente era atribuída principalmente à explosão populacional dos países em desenvolvimento. Essa preocupação vem de longa data, remontando a 1650, quando o médico inglês *Sir* Willian Petty publicou o livro *Mankind and Political Arithmetic*. Posteriormente, o tema ressurgiu com maior impacto junto ao público com a publicação de outro livro, em 1803, por Thomas Maltus: *Essay on the Principle of Population*.

No período pós 2ª Guerra Mundial, a crescente carência de alimentos fez surgir o receio de que as teorias de Malthus se concretizassem, o que não ocorreu devido ao avanço das tecnologias agropecuárias, que aumentaram sobremaneira a produção de alimentos, afastando o espectro da fome mundial.

As conferências e negociações que precederam a Conferência da ONU sobre Meio Ambiente de 1972 possibilitaram o início de mudanças na forma de pensar da humanidade sobre sua relação com o meio ambiente. A Conferência da ONU sobre Biosfera realizada em Paris, em 1968, já enfatizara a necessidade de considerar os impactos ambientais dos grandes projetos de desenvolvimento.

O Relatório Nosso Futuro Comum, elaborado pela Comissão Mundial de Meio Ambiente e Desenvolvimento e publicado em 1987, ressalta que a miséria dos países do hemisfério Sul leva à exaustão dos recursos naturais e que o crescimento econômico dessas nações deve ser acelerado, embora compatibilizado com a proteção ambiental e a melhor distribuição de riquezas. Surge o termo **desenvolvimento sustentável**, proposto como uma forma de atingir o equilíbrio entre qualidade de vida e preservação ambiental.

No período pós Rio-92, o debate ecológico ganha novo *status*, no qual os cenários até então desenhados, de que a degradação ambiental e os limites do planeta estavam associados à explosão demográfica, à poluição dos processos industriais dos países ricos e à exploração dos recursos naturais pelo países em desenvolvimento, ganharam um novo ator, denominado **consumo**.

Toda a sociedade humana contemporânea está centrada no poder econômico, cujas engrenagens baseiam-se na produção e no consumo. É o consumo de bens e produtos que gera a necessidade de produção, que gera empregos, que gera dinheiro, que, por sua vez, permite a aquisição de bens e produtos.

Consumir não é, por si só, um problema, visto que isso ocorre desde que o homem adotou o estilo de vida sedentário, como vimos no primeiro capítulo. O que se coloca em reflexão é:

a) o quanto os produtos e bens consumidos pela população mundial colocam em risco a capacidade do planeta de absorver os subprodutos desse consumo (resíduos);

b) a capacidade do planeta de manter ou repor os recursos naturais necessários à produção desses bens e produtos.

A necessidade de mudança do padrão de consumo se faz urgente, colocando-se agora nas mãos do consumidor a responsabilidade pelos impactos negativos da sociedade humana no meio ambiente em que está inserida.

Se analisarmos os resultados das diversas conferências sobre meio ambiente e desenvolvimento e a lentidão com que as mudanças necessárias têm ocorrido, podemos imaginar alguns dos motivos desse aparente marasmo:

- O estilo de vida adotado pelas sociedades contemporâneas dos países do 1º mundo infligiu um modelo de desenvolvimento incompatível com a capacidade de reposição de recursos naturais e de absorção dos resíduos gerados pelo modelo tecnológico adotado pelo processo de produção em escala industrial.
- Os países em desenvolvimento ainda enxergam nos países do 1º mundo um modelo a ser copiado, independentemente dos alertas da comunidade científica internacional sobre os riscos e as consequências (até para eles próprios) da adoção desse modelo desenvolvimentista equivocado.
- O consumismo exagerado das populações de maior poder aquisitivo, copiado pelas populações pobres, amplia ainda mais o impacto negativo da humanidade sobre o planeta.
- A economia contemporânea encontra-se nas mãos de poucas corporações transnacionais, a quem interessa a existência de uma sociedade com consumo desenfreado, sem o qual não é possível manter funcionando a engrenagem econômica mundial e, consequentemente, o seu próprio poder.
- Os líderes, em todos os níveis de governo, detêm cada vez menos poder gerencial, visto que se submetem aos interesses econômicos que os mantêm e aos quais são obrigados a se render, mesmo que essa situação não seja explicitada.
- Em um mundo cada vez mais individualista e hedonista, em que a busca do prazer e da felicidade individual é colocada em primeiro plano em relação aos interesses coletivos e do planeta, o cidadão comum não consegue refletir sobre o quanto seu hábito pessoal colabora para a manutenção do atual estado de degra-

dação em que a Terra e a humanidade se encontram, subjugado que está pelas forças da propaganda e da mídia que "formatam" a cabeça do futuro consumidor desde a mais tenra idade.

- A denominada "economia verde", ainda restrita a um público consumidor de maior poder aquisitivo (já que, via de regra, os produtos ecológicos são mais caros), não convida à necessária reflexão sobre padrão de produção e consumo.
- O sistema globalizado de produção, distribuição e consumo de produtos e serviços dificulta ao cidadão comum tomar conhecimento de todas as etapas que envolvem a confecção dos bens por ele consumidos, o que limita sua possibilidade de decisão no ato de adquiri-los.
- Os acordos e tratados internacionais assinados por todos os países participantes das diversas conferências sobre meio ambiente não têm força jurídica para serem aplicados, pois ainda falta à humanidade um sistema de governança mundial que possibilite essa atuação, de forma a garantir o livre-arbítrio de cada país, sem desrespeitar os interesses internacionais.

Embora nos sintamos no meio de um furacão no que concerne às nossas preocupações com o meio ambiente e às possíveis consequências para nossa sobrevivência neste planeta, em termos de história humana apenas muito recentemente nos demos conta de precisarmos mudar nosso modo de viver em sociedade.

As mudanças em nosso modo de pensar e agir estão ocorrendo, embora muito mais lentamente do que desejaríamos em face dos cenários ambientais desaforáveis a que assistimos ou vivenciamos em nosso dia a dia.

Se conseguiremos mudar nosso paradigma de desenvolvimento a tempo de não acabarmos de vez com nossa galinha dos ovos de ouro é uma questão que apenas a História responderá.

4. O que é desenvolvimento sustentável?

Como vimos anteriormente, no Relatório Nosso Futuro Comum, elaborado pela Comissão Mundial de Meio Ambiente e Desenvolvimento e publicado em 1987, surgiu o termo **desenvolvimento sustentável**, que propunha uma forma de atingir o equilíbrio entre qualidade de vida e preservação ambiental.

A partir de então, o desenvolvimento sustentável tem sido a tônica dos discursos não somente de ambientalistas, como também de outros setores, até então indiferentes a questões de ordem ambiental, como políticos e empresários.

Mas, afinal, o que vem a ser desenvolvimento sustentável? Para melhor compreensão do termo, comecemos por analisar o significado de cada palavra separadamente.

Se pesquisarmos no dicionário, veremos que, no contexto a que nos referimos, a palavra **desenvolvimento** tem estes significados: 1) ato ou efeito de desenvolver-se; 2) adiantamento, crescimento, aumento, progresso; 3) estágio econômico, social e político de uma comunidade, caracterizado por altos índices de rendimento dos fatores de produção, recursos naturais, capital e trabalho. Já **sustentável** é o que sustenta ou pode sustentar, que no nosso contexto é entendido como conservar e manter.

Assim, podemos concluir que desenvolvimento sustentável **é aquele que permite que as sociedades atinjam um grau satisfatório de qualidade de vida e, simultaneamente, garante a conservação e a manutenção indefinidas, ou a longo prazo, dos recursos necessários ao alcance desse desenvolvimento**. A definição mais aceita mundialmente para desenvolvimento sustentável é:

DESENVOLVIMENTO CAPAZ DE SUPRIR AS NECESSIDADES DA GERAÇÃO ATUAL, SEM COMPROMETER A CAPACIDADE DE ATENDER ÀS NECESSIDADES DAS FUTURAS GERAÇÕES.

É O DESENVOLVIMENTO QUE NÃO ESGOTA OS RECURSOS PARA O FUTURO.

Desta forma, percebemos que a expressão desenvolvimento sustentável compreende um conceito muito mais amplo e profundo do que a maioria de nós supõe inicialmente, transcendendo a mera questão da conservação ambiental. Atualmente, entre os especialistas que se dedicam a esse assunto há poucas discordâncias sobre o fato de não ser possível garantir a preservação dos recursos naturais em sociedades que não tenham suas necessidades básicas em quatro planos de análise:

1. Uso racional, conservação e preservação dos recursos naturais renováveis e não renováveis, e busca constante por alternativas energéticas renováveis e de baixo impacto ambiental.

2. Condições dignas de sobrevivência: é preciso assegurar alimentação de qualidade, habitação digna, vestuário etc.

© MIKHAIL ZAHRANICHNY/SHUTTERSTOCK

3. Desenvolvimento de estruturas de governança que garantam os direitos fundamentais do ser humano: liberdade de expressão, mobilidade, acesso à justiça, segurança pública etc.

© BOBBY FABISAK/JC IMAGEM/ESTADÃO CONTEÚDO

4. Obtenção de recursos econômicos para acessar a infraestrutura necessária a uma qualidade de vida digna: energia, tecnologia, educação, saúde, infraestrutura de saneamento e transporte, segurança alimentar etc.

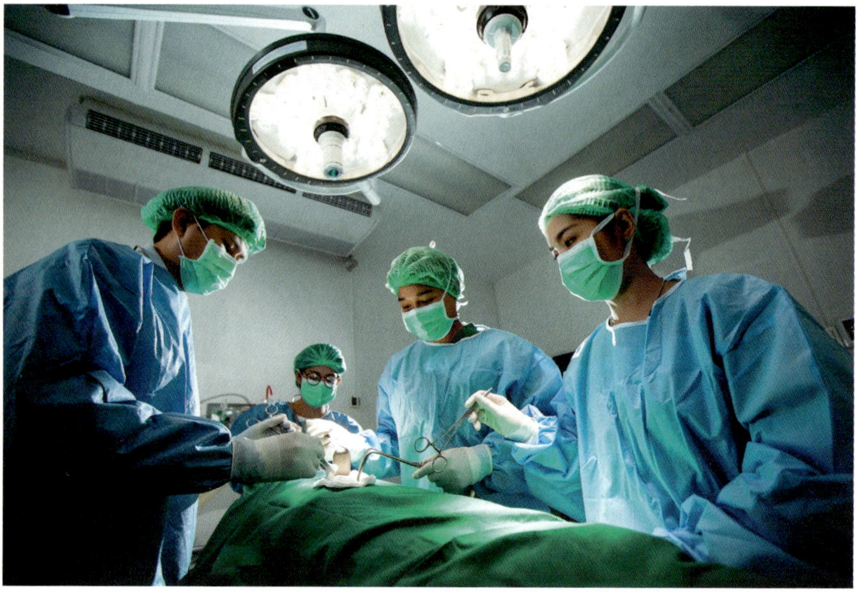

© TORWAIPHOTO/SHUTTERSTOCK

Didaticamente, costumamos dizer que o verdadeiro desenvolvimento sustentável comporta em si, necessariamente, as dimensões ambiental, social, institucional e econômica.

O alcance de um pleno desenvolvimento sustentável pode parecer uma utopia, porém diversos países no mundo estão tentando alcançá-lo mediante a adoção de políticas que tenham por base os pilares anteriormente descritos. A Agenda 21, proclamada e assinada durante a Conferência Mundial de Meio Ambiente e Desenvolvimento, realizada no Rio de Janeiro em 1992, foi um passo importante no sentido de propor caminhos para atingir o desenvolvimento sustentável, porém poucos países seguiram à risca os compromissos assumidos naquela ocasião.

As sociedades humanas dispersas pelo globo também se encontram em diferentes estados de conscientização ecológica, situação econômica, governança institucional, e cada povo apresenta aspectos culturais próprios. É natural que os países estejam em patamares diferenciados no que concerne ao alcance do desenvolvimento sustentável, mas não podemos esquecer que todos fazemos parte da grande teia da vida, potencializada pelo processo de globalização, que faz com que todos sejamos dependentes de todos.

O alcance do desenvolvimento sustentável por uma determinada sociedade não será pleno e efetivo se não for acompanhado em algum momento pelas demais sociedades, tal é a intricada relação que existe atualmente entre as nações e é essa consciência que o ser humano necessita urgentemente alcançar.

O próximo capítulo nos ajudará nessas tão importantes reflexões.

5. E se não fizermos nada?

Entre as consequências do impacto negativo de nossa sociedade no planeta está a perda da chamada biodiversidade, da qual trataremos mais adiante, com mais detalhes. A extinção de espécies animais e vegetais tem sido objeto de preocupação de todos aqueles que militam na área ambiental e sabemos que o homem tem uma grande parcela de responsabilidade nesse fenômeno.

© VLAD61/SHUTTERSTOCK

Biodiversidade é a variedade e a variabilidade existente entre os organismos vivos da Terra e as complexidades ecológicas em que elas ocorrem, incluindo a variedade genética das populações e espécies; variedade de espécies animais e vegetais; variedade de funções ecológicas desempenhadas pelos organismos nos ecossistemas; e a variedade de comunidades, hábitats e ecossistemas formados por esses organismos.

Entretanto, antes de abordarmos a situação atual do nosso planeta e as perspectivas que estão sendo avaliadas por cientistas de todo o mundo, caso o ser humano continue a seguir seu modo de vida atual, é importante lembrar que nosso planeta já passou, em épocas remotas, por grandes transformações climáticas e geológicas que contribuíram para o surgimento ou a criação de espécies, como parte do processo de evolução natural da Terra.

O ciclo natural da evolução de nosso planeta

De acordo com as teorias mais aceitas no meio científico, o Universo iniciou-se a partir de uma grande explosão, denominada *Big Bang*, ocorrida cerca de 13,7 bilhões de anos atrás. Segundo essa teoria, microssegundos após essa inimaginável explosão, o Universo expandiu-se por bilhões de quilômetros e continua a expandir-se até hoje.

Há aproximadamente 4,6 bilhões de anos, o nosso Sol, constituído de restos de estrelas extintas, entrou em fusão. Gigantescas bolas de poeira e gás agruparam-se ao seu redor, devido à sua força de gravidade, formando o que denominamos nosso Sistema Solar (Sol e os planetas em sua órbita). Após a formação desse sistema, houve uma espetacular colisão entre o jovem planeta Terra e outro planeta (denominado Theia). Essa colisão teve três consequências importantíssimas:

a) originou a Lua há aproximadamente 4,4 bilhões de anos. A força de sua gravidade retardou a velocidade de rotação da Terra em um dia de 24 horas (estima-se que, antes da colisão e do surgimento da Lua, um dia na Terra durava cerca de 4 horas);

© PAUL PRESCOTT/SHUTTERSTOCK

b) inclinou o eixo de rotação do nosso planeta em aproximadamente 23 graus, o que, conjugado com o movimento de translação da Terra em torno do Sol, é responsável pelas diferentes estações do ano;

c) formou um escudo magnético resultante do ferro introduzido no centro da Terra pela fusão dos núcleos dos dois planetas em colisão. Esse escudo hoje desvia os efeitos mais letais do vento solar para longe da superfície.

© AARON RUTTEN/SHUTTERSTOCK

Esse conjunto de novas características do planeta (dias mais longos, diferentes estações ao longo do ano e maior proteção contra os ventos solares) foi fundamental para permitir, futuramente, o surgimento e o desenvolvimento de seres vivos.

Os oceanos se constituíram no grande berçário inicial da evolução das espécies. Depois, esporos germinaram em terra firme, dando origem aos musgos, que mais tarde evoluíram, ao longo de milhões de anos, para formar as plantas herbáceas e as árvores folhosas. Com o aumento dos níveis de oxigênio na atmosfera, seres aquáticos iniciaram um longo processo de adaptação ao ambiente terrestre, motivados pela busca de alimentos e abrigo.

Enquanto as placas tectônicas da crosta terrestre colidiam umas com as outras para formarem um único e imenso continente – a Pangeia –, os dinossauros passaram a dominar a Terra, junto com as primeiras plantas, aves e novos insetos. Há cerca de 65,5 milhões de anos ocorreu a extinção maciça dos dinossauros, fenômeno amplamente conhecido e que se acredita teria ocorrido devido à queda de um grande meteorito (onde hoje é a península de Yucatán, no México), que alterou drasticamente o clima do planeta.

Essa, porém, não foi a primeira nem deverá ser a última extinção em massa de espécies da Terra. Sabe-se que antes dela ocorreram ao menos cinco grandes desaparecimentos de espécies (alguns cientistas acreditam que tenham sido 10 grandes extinções), especialmente marinhas, que vale a pena mencionar.

Mas, para compreender o período em que elas ocorreram, antes será necessário conhecermos como se dividem as eras geológicas da Terra, que, por sua vez, se subdividem em épocas determinadas por suas características e pelas alterações ocorridas na evolução do planeta. Essas divisões podem ser visualizadas no infográfico a seguir:

Eras geológicas da Terra

Cenozoica

Quaternário

Holoceno

10.000

"Era do Homem". O homem torna-se a forma de vida dominante sobre a Terra. Estabilização do clima.

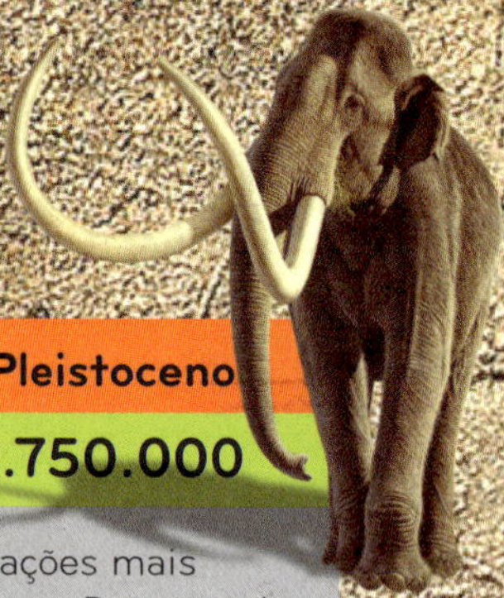

Pleistoceno

1.750.000

Glaciações mais recentes. Domínio dos mamíferos de grande porte. Evolução do homo sapiens

Terciário

Plioceno

5.300.000

Avanço das geleiras. A vegetação é dominada pelos campos e savanas. Aparecimento de mamíferos ruminantes.

Mioceno

23.500.000

Formação de grandes campos. Mudanças climáticas levam à formação da calota polar Antártica.

Oligoceno

34.000.000

Aparecimento de elefantes e cavalos e de vários tipos de gramíneas.

Eoceno

53.000.000

Surgimento da maior parte das ordens de mamíferos.

Paleoceno

65.000.000

Domínio dos mamíferos de porte pequeno a médio.

Mesozoica

Cretáceo

135.000.000

Primeiras plantas com flores, grupos modernos de insetos, pássaros e mamíferos.

Jurássico

205.000.000

Pterossauros e primeiros pássaros. Dinossauros vagueiam pela Terra.

Triássico

250.000.000

Primeira aparição dos dinossauros.

- Era
- Período
- Época
- Idade

Paleozoica

Permiano

295.000.000

Primeiro grande evento de extinção em massa. Formação do supercontinente Pangeia.

Carbonífero

355.000.000

Formação de grandes florestas.

Devoniano

410.000.000

Primeiros peixes.

Siluriano

435.000.000

Estabilização do clima. Derretimento do gelo glacial, elevação dos níveis dos oceanos. Evolução dos peixes.

Ordoviciano

500.000.000

Surgimento dos invertebrados marinhos e plantas.

Cambriano

540.000.000

Aparecimento dos principais grupos animais.

Proterozoica

2.500.000.000

Predomínio de bactérias. Primeiras evidências de atmosfera rica em oxigênio. Ao final do Proterozoico, surgimento de formas multicelulares e dos primeiros animais.

Arqueano

3.600.000.000

Aparecimento de vida na Terra. Fósseis mais antigos com 3,5 bilhões de anos (bactérias micro-fósseis).

A seguir, a descrição das cinco principais extinções de espécies ocorridas no planeta Terra.

O estado atual da Terra

Como vimos, nosso planeta encontra-se em constante transformação. Ao longo de sua história, as características geológicas (movimentação das placas tectônicas e atividades vulcânicas) e climáticas resultaram em condições favoráveis ou desfavoráveis para o desenvolvimento e a sobrevivência de inúmeras espécies vivas, incluindo a espécie humana, que se encontra no topo da cadeia evolutiva.

A superfície de nosso planeta hoje está dividida em segmentos rígidos denominados **placas tectônicas**, que se movimentam vagarosamente sobre o manto (camada mais abaixo). Já vimos anteriormente que, em determinado momento da vida da Terra, essas placas encontravam-se unidas em um só continente.

Os polos geográficos da Terra encontram-se, em sua maioria, cobertos por camadas de gelo, enquanto o interior permanece ativo, com um manto líquido gerador de um campo magnético e um núcleo sólido composto principalmente por ferro.

A seguir e de forma sucinta, temos o atual estado físico (ar, água e solo) e os ecossistemas que compõem nosso planeta, após as grandes transformações pelas quais passou nestes 4,5 bilhões de anos.

Didaticamente, podemos dividir nosso planeta em 4 partes: litosfera (ou crosta), hidrosfera, atmosfera e biosfera.

1. **Litosfera**: camada da Terra constituída por rochas e solo e composta de grande quantidade de minerais. É também denominada crosta terrestre, com espessura de até 72 km abaixo dos continentes, e de crosta oceânica, com 8 km abaixo dos oceanos, e encontra-se dividida em placas tectônicas com lenta e constante movimentação, que são responsáveis pelos abalos sísmicos.

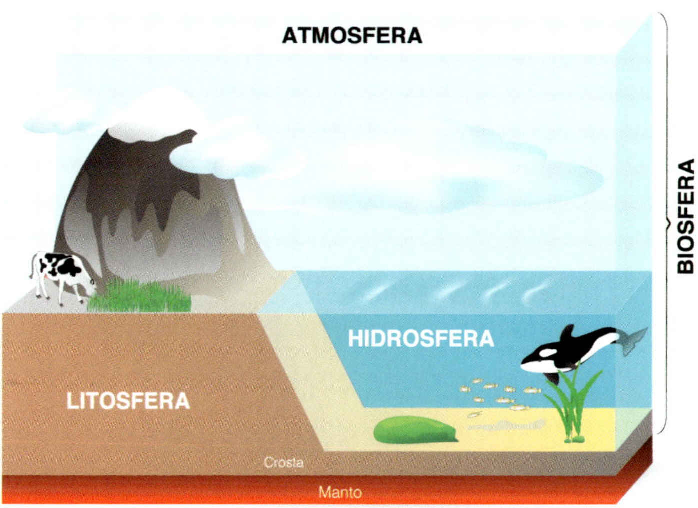

© DESIGNUA/SHUTTERSTOCK

2. **Hidrosfera**: é toda camada descontínua de água presente na Terra, ou seja, toda parte líquida contida no planeta, incluindo todos os organismos vivos presentes nos meios aquáticos. A hidrosfera compreende os oceanos, rios, lagos, calotas de gelo, água no subsolo e atmosfera etc. Pela quantidade de água existente em nosso planeta e o percentual que ela ocupa de sua superfície, em vez de Terra nosso planeta deveria denominar-se Água.

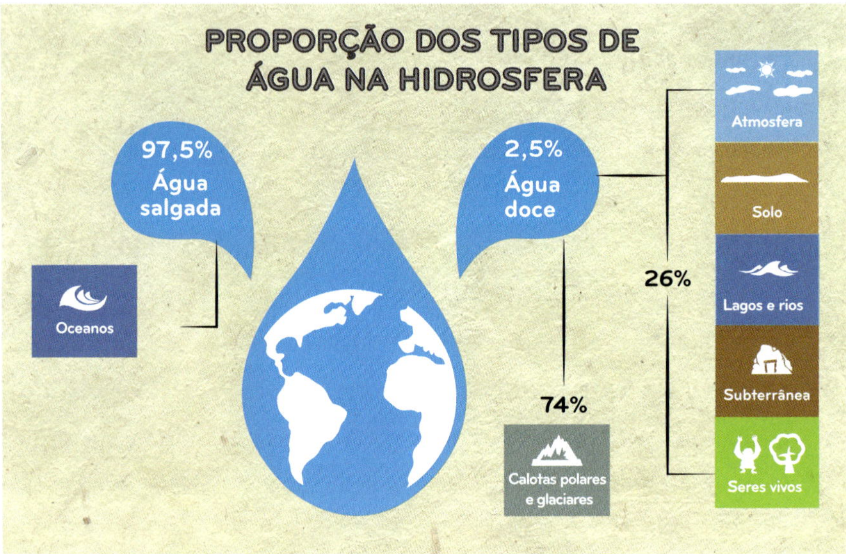

3. **Atmosfera**: é uma fina camada de gases presa à Terra pela força da gravidade, com cerca de 100 quilômetros de altitude. A atmosfera terrestre protege os seres vivos absorvendo a radiação ultravioleta, aquecendo a superfície por meio da retenção de calor (efeito estufa) e reduzindo os extremos de temperatura entre o dia e a noite. A atmosfera é composta de 78% de nitrogênio e 21% de oxigênio e, em menor escala, por vapor d'água, dióxido de carbono (CO_2) e outras moléculas gasosas.

4. **Biosfera**: é composta pelo conjunto de formas de vida existentes no planeta e provavelmente começou a evoluir há 3,5 bilhões de

anos. O conceito de biosfera pode ser interpretado como o conjunto formado pelos diferentes ecossistemas (ecossistema designa o conjunto formado por todos os seres vivos que habitam e interagem em determinada região e pelos fatores externos – abióticos – que atuam sobre esses seres).

Tendo em vista a abrangência dessa conceituação, costuma-se dividir a biosfera nos chamados **biociclos**, que representam conjuntos de ecossistemas dentro da biosfera. Os biociclos são divididos em **biócoros**, que, por sua vez, se dividem em **biomas** (bioma é um conjunto de diferentes ecossistemas que possuem certo nível de homogeneidade). Como exemplo, podemos citar, no Brasil, os biomas da floresta Amazônica, da Mata Atlântica, do Cerrado, da Caatinga, do Pantanal e dos Pampas.

O impacto do homem no planeta

Situadas no topo da escala evolucionista, sem predadores naturais (atualmente o homem consegue se proteger relativamente bem de seus predadores) e espalhadas por quase toda a superfície do planeta, as sociedades humanas, diferentemente de outras espécies do Reino Animal, não se encontram em harmonia com o meio em que vivem. Além disso, sua cultura, desenvolvida nos últimos 10.000 anos, exige cada vez mais recursos naturais, a maior parte dos quais o planeta não tem como renovar (caso dos combustíveis fósseis) ou não consegue repor na mesma velocidade em que são explorados.

Percebemos que o aumento da população humana (que em 2012 totalizava 7 bilhões de pessoas), somado ao estilo de vida das sociedades ditas desenvolvidas, que vem sendo copiado pelas sociedades em desenvolvimento, colabora muito para os problemas ambientais que o planeta vem enfrentando, resultando num desequilíbrio tal que, se nada for feito, terminará por colocar em risco a própria sobrevivência do homem na Terra, ou provocará declínio muito grande de sua qualidade de vida.

No próximo tópico daremos um panorama geral dos impactos produzidos pelo homem no planeta e as consequências em sua qualidade de vida.

Didaticamente, podemos classificar a forma pela qual o ser humano impacta o planeta em três grandes categorias:

1. **Exploração dos recursos naturais:** para atender às necessidades básicas de sobrevivência da espécie (alimentação, habitação, vestuário etc.) e à produção de bens de consumo da vida moderna, muitos deles supérfluos (automóveis, eletroeletrônicos etc.), os recursos naturais do planeta têm sido cada vez mais explorados, tanto os **renováveis** (água, madeira) como os **não renováveis** (minérios, petróleo). Mesmo no caso dos recursos renováveis, essa exploração tem ocorrido numa velocidade superior à capacidade de renovação natural. Por isso, recursos como a água vêm passando por um forte processo de deterioração de qualidade.

Desmatamento ilegal na Região Amazônica.

2. **Ameaças à biodiversidade:** durante os anos 1990 e a primeira década deste século, o homem alterou os ecossistemas em níveis nunca vistos. Para atender às demandas por alimentos, recursos naturais e assentamentos humanos, grandes parcelas de áreas naturais do planeta foram destinadas à agricultura, a pastos e a espaços urbanos. O resultado disso foi uma queda nos **serviços ecossistêmicos**, especialmente água doce, populações de peixes marinhos e ar puro.

A maioria da população pode compreender muito bem o significado da diminuição da oferta de água doce, do colapso da oferta de energia (elétrica ou proveniente de combustíveis fósseis como o petróleo), porém não entende facilmente as implicações da perda da biodiversidade para a saúde do planeta e para a vida humana.

Para compreendermos bem a importância da biodiversidade em determinado hábitat ou ecossistema, podemos pensar nela como um enorme castelo de cartas de baralho, no qual cada carta representa uma única espécie ou função ecossistêmica. Com muito cuidado, podemos até retirar algumas cartas sem causar grandes danos à estrutura total, porém, se retirarmos a carta errada, o castelo todo desaba.

Da mesma maneira, a biodiversidade é um sistema bastante complexo com milhões de espécies distintas – de microrganismos a grandes mamíferos –, todas conectadas e interdependentes, numa ampla rede composta por cadeias alimentares, polinizações, simbioses, predações e outras interações químicas e biológicas, muitas das quais nem sequer conhecemos. A eliminação de uma espécie pode, como no castelo de cartas, colocar em risco todo o sistema.

Como alerta, vale a pena lembrar alguns exemplos trágicos, como o ocorrido na Ilha de Páscoa, cujo intenso desmatamento, iniciado nos séculos XV e XVI, causou a extinção de árvores, plantas, insetos e de todas as aves nativas, culminando na destruição irreversível de todo o ecossistema insular, o que resultou nos atuais problemas de seca e erosão do solo.

© ANDERSON DE ANDRADE PIMENTEL

A introdução de coelhos por colonizadores na Austrália, em 1859, tem reduzido a população de plantas nativas e, por consequência, a de mamíferos que delas se alimentam. Disso resultaram também problemas de erosão, pois o extermínio das plantas nativas deixou a camada superficial do solo mais vulnerável à ação dos ventos e da chuva.

Aqui no Brasil, temos o exemplo da introdução recente do chamado **caramujo africano** (*Achatina fulica*) – importado inicialmente para fins alimentícios, sua criação comercial fracassou e hoje ele encontra-se espalhado por quase todo o território nacional – e também do **mexilhão dourado**, cuja proliferação descontrolada na natureza causa sérios transtornos nos dutos das hidrelétricas e sistemas de irrigação.

Devemos considerar, ainda, questões de ordem ética, pois, por estar o homem no topo da cadeia evolutiva e ser capaz, portanto, de aperceber-se de todo esse estado de coisas e de modular seu comportamento de forma consciente, deveria ser ele o grande guardião da natureza, zelando pelo patrimônio natural que levou milhões de anos para evoluir em nosso planeta, e jamais se arrogar o direito de destruir espécies animais ou vegetais. Mesmo na medíocre hipótese de sermos tão egocêntricos que não nos preocupemos com questões de ordem ética, lembremos que a perda da biodiversidade, no mínimo, influencia negativamente a prosperidade econômica do planeta.

3. **Extinções recentes:** o homem tem sido um dos maiores agentes causadores das extinções recentes, principalmente pela alteração irresponsável ou pela simples destruição dos ecossistemas naturais que abrigam muitas espécies. Uma pesquisa global de extinções revela que mais de 800 espécies foram extintas nos últimos 500 anos, taxa de extinção de mil a 10 mil vezes mais elevada do que a que existiria sem a presença dos seres humanos. A seguir, listamos alguns exemplos de vários lugares do mundo.

TARPAN (EURÁSIA) – 1909

© MICHEL GUNTHER/BIOSPHOTO/AFP

O tarpan (*Equus ferus ferus*) foi um cavalo selvagem que habitou a Eurásia. O último espécime morreu em 1909, em um zoológico de Moscou. Estudos genéticos recentes o apontam como ancestral direto do cavalo doméstico. O pouco transformado cavalo português sorraia e os descendentes híbridos poloneses estão sendo usados por cientistas como meio de resgatar o animal da extinção, aparentemente definitiva.

TILACINO (AUSTRÁLIA, NOVA GUINÉ E TASMÂNIA) – 19

O tilacino, lobo-da-tasmânia ou, ainda, tigre-da-tasmânia, foi o maior marsupial carnívoro dos tempos modernos. Nativos da Austrália e da Nova Guiné, os tilacinos foram extintos da Austrália continental milhares de anos antes da colonização europeia, mas sobreviveram na Tasmânia. A caça intensiva, estimulada pelas recompensas oferecidas por considerá-lo uma ameaça aos rebanhos, causou sua extinção, mas outros fatores contribuíram, como doenças, introdução de cães e alterações em seu hábitat. O último registro visual ocorreu em 1932 e o último exemplar morreu no Zoológico de Hobart, em 7 de setembro de 1936.

© NICOLAS PRIMOLA/SHUTTERSTOCK

POMBO-PASSAGEIRO (ESTADOS UNIDOS) – 1914

O pombo-passageiro foi provavelmente a ave mais abundante no planeta. Estima-se que tenham existido mais de cinco bilhões de indivíduos nos Estados Unidos. Caçados maciçamente para alimentação humana e animal, já apresentavam sensível decréscimo em número em meados do século XIX. Como punham apenas um ovo a cada vez, a recuperação da espécie seria lenta, mas a matança continuou antes que isso pudesse ocorrer. Quase todos os animais do último bando existente (aproximadamente 250 mil) foram mortos num único dia de caçada, em 1896. O último exemplar selvagem foi morto em Ohio, em 1900. E o último espécime em cativeiro, uma fêmea chamada Martha, morreu no Jardim Zoológico de Cincinnati em 1º de setembro de 1914. Seu corpo foi congelado e encaminhado ao Instituto Smithsonian para ser taxidermizado e exibido ao público.

© JEAN-PIERRE SYLVESTRE/BIOSPHOTO/DIOMEDIA

PICA-PAU (ESTADOS UNIDOS) – 1970

O *Campephilus principalis* era um dos maiores pica-paus do mundo, com cerca de 20 centímetros de comprimento e 30 centímetros de envergadura. Foi nativo das florestas virgens do sudeste dos Estados Unidos. Devido à destruição do hábitat e à caça, seus números caíram para o ponto em que é duvidoso que ainda exista. Desde a década de 1970, a espécie está listada como possivelmente extinta pela União Internacional para a Conservação da Natureza (IUCN). Relatos de pelo menos um macho avistado em Arkansas, em 2004, foram investigados e, em abril de 2005, publicados por uma equipe liderada pelo Laboratório Cornell de Ornitologia. Nenhuma confirmação definitiva desses relatórios surgiu, apesar da pesquisa intensiva realizada ao longo dos cinco anos subsequentes às aparições iniciais.

GOLFINHO-LACUSTRE-CHINÊS (CHINA) – 2007

O golfinho-lacustre-chinês, também conhecido como baiji, é um mamífero de água doce encontrado no rio Yang-Tsé, na China. É uma das quatro espécies de golfinhos de água doce restantes no mundo (tal como o boto amazônico), todas em risco de extinção. Foi considerado extinto em agosto de 2007, após uma busca de 6 semanas realizada em dezembro de 2006, em que não foi encontrado nenhum espécime. Segundo a Sociedade Zoológica de Londres, se confirmada sua extinção, será o primeiro cetáceo a desaparecer como resultado direto da influência do homem. As causas principais foram a pesca abusiva, a navegação excessiva, a poluição e a construção de usinas hidrelétricas (incluindo a de Três Gargantas), que afetaram profundamente seu hábitat natural.

PEIXE-ESPÁTULA DO YANG-TSÉ (CHINA) – 2007

A última ocorrência dessa espécie foi em 8 de janeiro de 2007. Era um dos peixes de grande porte mais raros do mundo. Em épocas passadas era pescado comercialmente. Por ser um animal endêmico da China e raro, foi considerado símbolo do maior rio da China, e desde 1983 sua pesca é ilegal em todo o país. O maior exemplar capturado e devidamente homologado, em 2003, tinha 3,52 metros e aproximadamente 220 kg. Lamentavelmente, essa foi sua última aparição em hábitat natural. A população de peixes-espátula vinha caindo gradativamente em função da pesca comercial, mas, com a construção de usinas hidrelétricas ao longo do rio e de seus afluentes, a queda passou de gradual para exponencial. Entre 2006 e 2008 pesquisadores organizaram uma operação para coletar organismos aquáticos endêmicos do Yang-Tsé: foram percorridos 488 km do rio, com o auxílio de mais de 4000 pessoas, 110 barcos e 950 redes, mas nenhum peixe-espátula foi capturado.

TARTARUGA-DA-ILHA-PINTA (GALÁPAGOS) – 2012

A tartaruga-da-ilha-pinta, também conhecida como tartaruga-gigante-pinta, era uma subespécie de Galápagos, nativa da ilha Pinta. A subespécie foi descrita por Albert Günther em 1877, após alguns espécimes chegarem a Londres. Até o final do século XIX, a maioria dessas tartarugas tinha sido dizimada pela caça. Em meados do século XX, pensava-se que a subespécie estava extinta, até que um único macho foi descoberto na ilha, em 1971. Foram feitos esforços para acasalar o macho, chamado George Solitário, com outras subespécies, que não produziram ovos viáveis. George Solitário morreu em 24 de junho de 2012 e, com isso, acredita-se que essa subespécie esteja extinta.

Produtos e subprodutos das sociedades modernas

Para atender às necessidades das sociedades modernas, concentradas de forma crescente em centros urbanos, utilizam-se cada vez mais produtos químicos, sintéticos ou não, na produção de bens de consumo, incluindo alimentos (agrotóxicos e fertilizantes na agricultura; medicamentos e hormônios na pecuária). Os resíduos sólidos, líquidos e gasosos, resultantes dessa utilização e do próprio estilo de vida das sociedades humanas modernas, impactam fortemente o ambiente, resultando no que se denomina **poluição**.

Um mundo cada vez mais urbano

A população mundial e a produção econômica estão se deslocando cada vez mais para as áreas urbanas. Mais de 70% das pessoas que habitam a América do Norte, a América Latina e a Europa residem hoje em cidades. Na África e na Ásia esse índice chega a 40%. As cidades representam a força motriz do crescimento econômico e estão se tornando essenciais para a produção econômica e geração de empregos (Relatório O Estado do Mundo 2012, do Worldwatch Institute – WWI). O número de **megalópoles** (cidades com 10 milhões de habitantes ou mais) mais que duplicou nos últimos 20 anos: eram 10 em 1990 e passaram para 21 em 2010, abrigando, em 2011, 7% da população mundial.

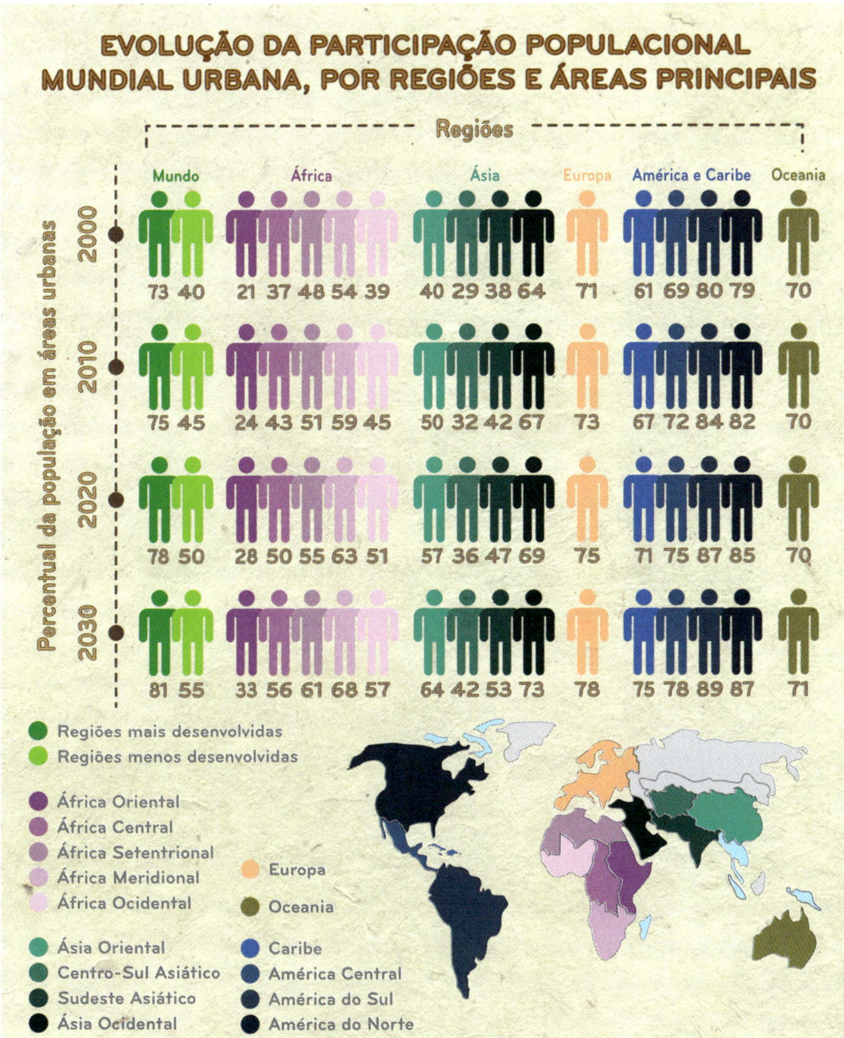

Fonte: Estado do Mundo 2012: rumo à prosperidade sustentável, Rio+20, relatório do WWI. Tabela extraída de *World Urbanization Prospect: the 2009 Revision* (Nova York, ONU, 2009).

A urbanização crescente não é acompanhada pela infraestrutura necessária para atender às necessidades básicas de seus moradores, como fornecimento de energia, saneamento básico (água potável, esgoto sanitário, limpeza pública e drenagem urbana), moradias dignas, transporte e empregos. O resultado desse descompasso é a ampliação do processo de **favelização** das periferias (em 2010, as favelas abrigavam 1/3 da população urbana dos países em desenvolvimento); o aumento da pobreza dos menos favorecidos; a poluição das águas, do ar e do solo; a escalada da violência e o caos nos transportes urbanos, para mencionar apenas os aspectos mais relevantes.

Poluição

O termo poluição pode ser definido como a emissão de resíduos sólidos, líquidos ou gasosos em quantidades superiores à capacidade de absorção do meio ambiente, alterando suas características normais e provocando desequilíbrios ecológicos que interferem negativamente na vida da fauna e da flora e também na do homem. A rigor, toda atividade humana, incluindo seu próprio metabolismo biológico, produz resíduos. Quando o homem ainda vivia de forma nômade, em pequenos grupos populacionais, e os seus resíduos eram fundamentalmente orgânicos, a natureza conseguia assimilá-los sem problemas.

Quando o homem se tornou sedentário, construiu cidades cada vez maiores e mais populosas, desenvolveu materiais sintéticos não absorvíveis rapidamente pela natureza e adotou um estilo de vida baseado no forte consumo de bens e serviços, a produção de resíduos aumentou exponencialmente, a ponto de impactar negativamente alguns ecossistemas e representar risco à saúde das populações.

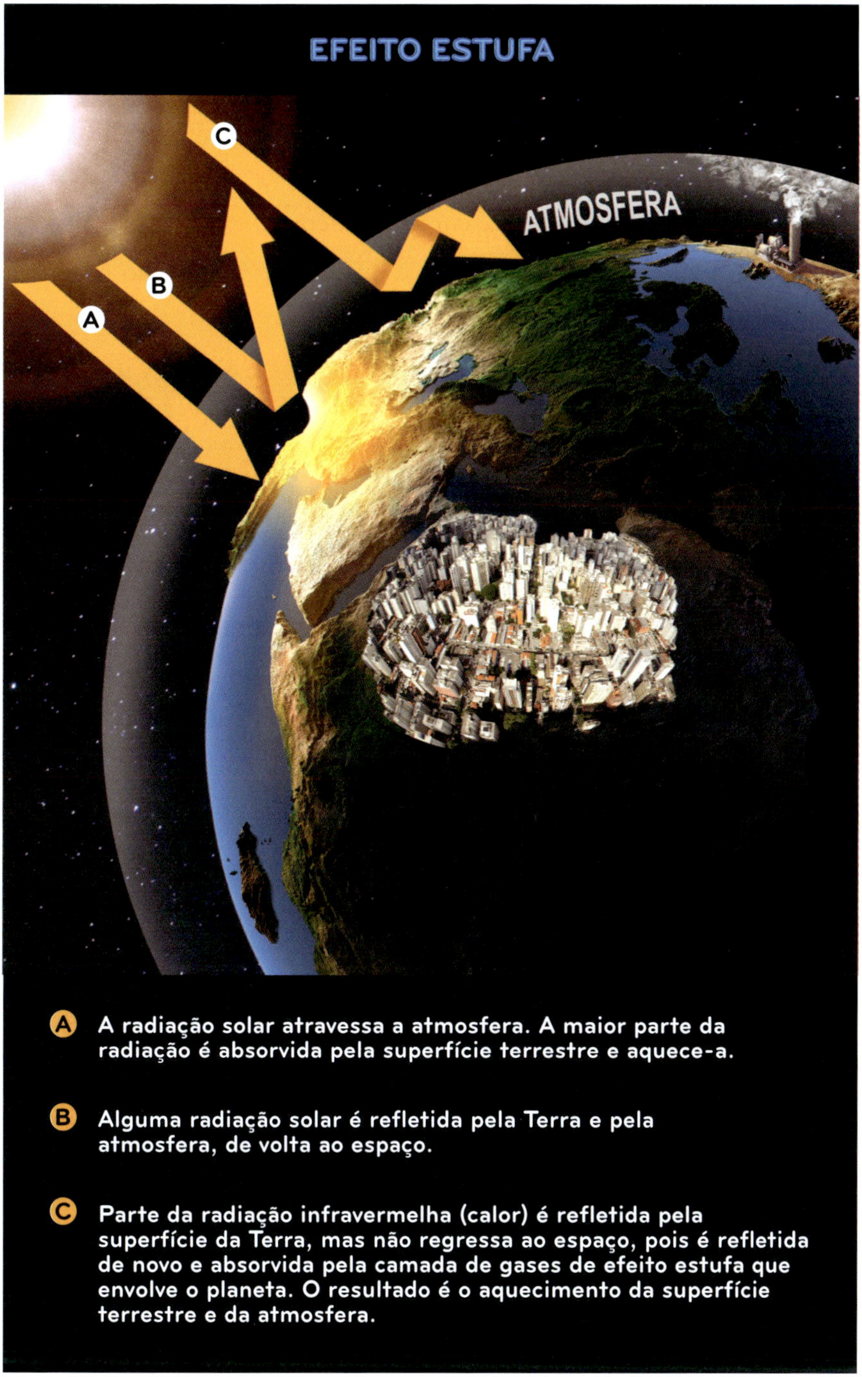

© WILL SILVA

Ⓐ A radiação solar atravessa a atmosfera. A maior parte da radiação é absorvida pela superfície terrestre e aquece-a.

Ⓑ Alguma radiação solar é refletida pela Terra e pela atmosfera, de volta ao espaço.

Ⓒ Parte da radiação infravermelha (calor) é refletida pela superfície da Terra, mas não regressa ao espaço, pois é refletida de novo e absorvida pela camada de gases de efeito estufa que envolve o planeta. O resultado é o aquecimento da superfície terrestre e da atmosfera.

Esquema representativo do efeito dos gases de efeito estufa na atmosfera e na superfície da Terra.

Acidentes

Nas últimas décadas, a humanidade tem presenciado a ocorrência de acidentes de grandes proporções, especialmente relacionados à indústria de energia: exploração e transporte de petróleo, usinas atômicas, rompimento de barragens etc., como também aqueles resultantes de conflitos armados em que refinarias e dutos de petróleo são bombardeados, causando grandes danos ambientais.

De acidente em acidente, temos comprometido partes importantes de nossa biosfera, de maneira que, em alguns casos, a recuperação ambiental levará décadas, senão séculos. As lições têm sido contundentes, com enormes prejuízos econômicos, ambientais e perda de vidas humanas.

É praticamente impossível evitar a ocorrência de acidentes, especialmente os de ordem natural, porém, eles podem ser minimizados por meio de medidas preventivas, que devem ser previstas desde a concepção do projeto do empreendimento. Como exemplos temos a adoção de procedimentos seguros e de controle de qualidade em todas as etapas operacionais da atividade e a manutenção adequada de materiais e equipamentos.

O impacto dos desequilíbrios ambientais na saúde humana

Desde os primórdios da humanidade, o homem tem lutado para sobreviver, seja garantindo seu alimento diário, seja defendendo-se de seus predadores ou, ainda, convivendo e superando inúmeras doenças que o acometem ao longo de sua vida.

A evolução e o desenvolvimento da civilização praticamente solucionaram a questão da segurança alimentar (a fome ainda hoje existente em certas regiões deve-se muito mais a fatores político-sociais do que a dificuldades em produzir alimentos para todos) e o medo dos predadores já foi resolvido há milênios. Já as enfermidades sempre foram um aspecto difícil de ser controlado pelo homem, resultando em sofrimento e no controle populacional da espécie.

O próprio desenvolvimento da agricultura e da pecuária, os hábitos alimentares e a interferência no meio ambiente na verdade propiciaram condições favoráveis para que o homem adquirisse algumas das doenças infecciosas que o atormentam até hoje, como:

- **tuberculose:** em contato com o *Mycobacterium bovis*, desenvolveu-se no homem o *Mycobacterium tuberculosis*, causador da tuberculose;
- **malária:** a necessidade de drenagem dos pântanos para fins agrícolas propiciou o contato do homem com o mosquito transmissor do *Plasmodium falciparum*, protozoário responsável pela malária;
- **toxoplasmose:** provocada pela domesticação de gatos, que transmitem o *Toxoplasma gondii*;
- **teníase:** causada pelo consumo de água ou carne contaminadas com ovos de *Taenia saginata* (boi) ou *Taenia solium* (porco);
- **cisticercose:** transmitida pelo consumo de carne suína contaminada com o cisticerco *Taenia solium*.

Até o século XIX, as doenças eram atribuídas principalmente a causas de ordem espiritual (as pessoas adoeceriam por serem pecadoras) e aos miasmas (considerava-se que a doença era causada por odores venenosos, gases ou resíduos nocivos que se originavam na atmosfera ou no solo).

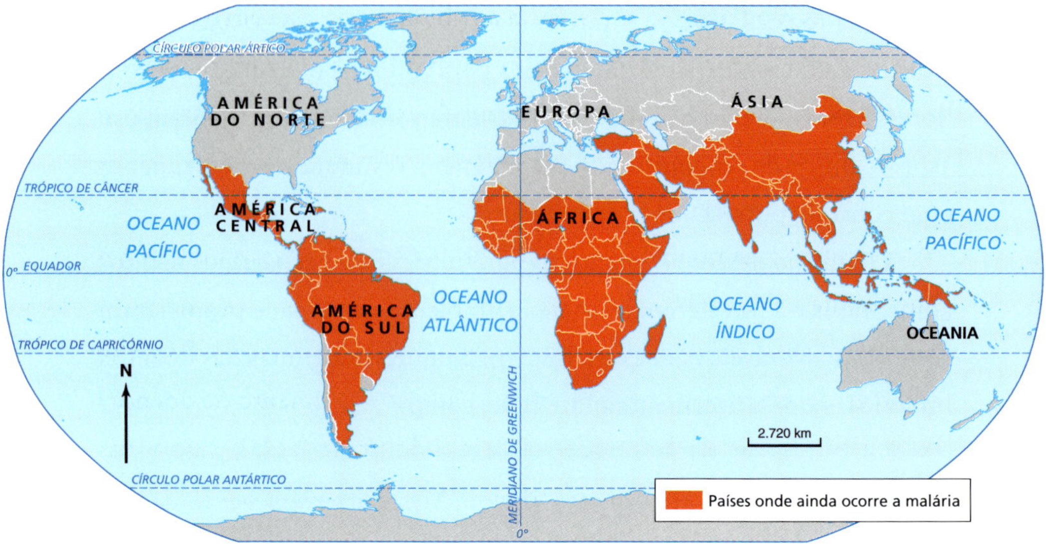

Foi a partir da descoberta de Louis Pasteur, Ferdinand Cohn e Robert Koch, já em meados do século XIX, de que doenças poderiam ser causadas por organismos vivos microscópicos, que ocorreu uma verdadeira revolução na forma como o homem passou a encarar as doenças. A descoberta de que microrganismos seriam os causadores de diversas doenças infecciosas levou a ciência a pesquisar as suas causas e a buscar formas de prevenção e cura de grande parte delas.

Com o desenvolvimento de técnicas de tratamento de água, a implantação de sistemas de esgotos sanitários nas cidades e a descoberta da penicilina por Alexander Fleming, em 1928, as doenças transmissíveis passaram a ser mais bem controladas, aumentando a sobrevida do homem no planeta.

No entanto, apesar de todos esses avanços da ciência em termos do conhecimento do histórico das doenças transmissíveis, parece que ainda há muito a temer. O desenvolvimento de resistência à ação de antibióticos por parte das bactérias tem sido o grande pesadelo dos infectologistas modernos. A resistência antibiótica consiste em os microrganismos não serem afetados por um antibiótico, o que ocorre quando os indivíduos utilizam indevidamente antibióticos menos potentes. Isso provoca a seleção das bactérias mais fortes, que criam uma descendência bacteriológica resistente ao medicamento inicialmente utilizado.

As alterações no meio ambiente, provocadas pela ação humana, o processo de urbanização crescente, que altera o entorno das cidades, a inserção do ser humano em ecossistemas aos quais não está habituado (como as florestas, por exemplo), têm levado ao surgimento de doenças como a Síndrome da Imunodeficiência Adquirida (aids), cujo vírus responsável é o HIV, e a febres hemorrágicas como o ebola.

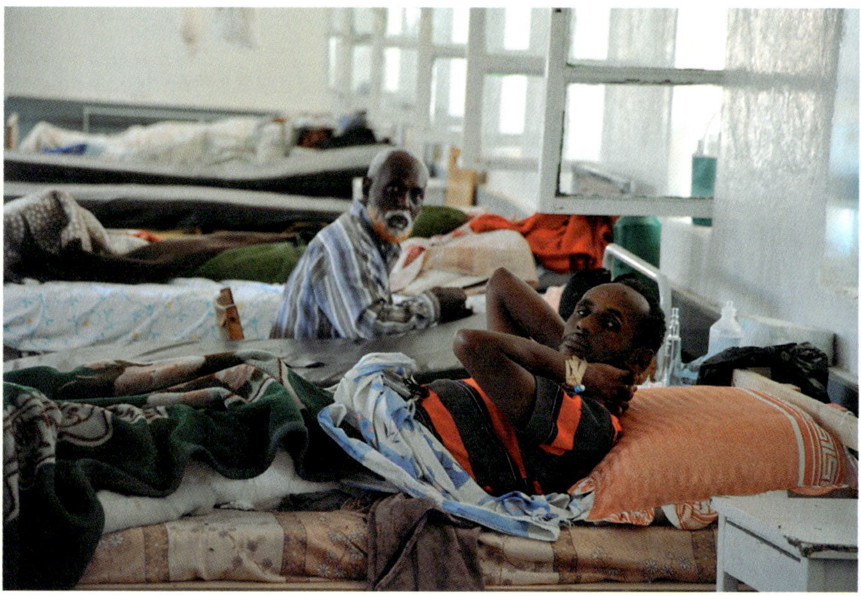

Organizações humanitárias internacionais têm denunciado a falta de pesquisas e interesses comerciais para tratamento, vacinação e eventual cura de doenças tropicais negligenciadas em países pobres.

Nas últimas décadas, doenças como a dengue, a cólera e até mesmo a gripe tornaram-se mais intensas e com maior abrangência em função de alterações ambientais que facilitaram o desenvolvimento e a multiplicação dos agentes causadores (como, por exemplo, a adaptação ao meio urbano do *Aedes aegypti*, mosquito transmissor da dengue). Para piorar a situação, a capacidade de transmissão foi potencializada pelas condições de mobilidade atuais, que permitem ao homem acessar qualquer continente em poucas horas, por meio do transporte aéreo. Tal como a biosfera, os agentes causadores de doenças encontram-se em constante evolução, procurando adaptar-se a um meio cada vez mais hostil para sobreviver.

O fenômeno do envelhecimento da população mundial traz como consequência o aparecimento de diversas patologias ou agravos à saúde relacionados à idade avançada, como o mal de Alzheimer, senilidade, acidente vascular cerebral ou derrame (AVC), osteoporose, fraturas diversas, ocorrências que impactam fortemente os serviços de saúde, que mal dão conta do atendimento das demais doenças da população em geral. O estilo de vida superagitado das sociedades modernas também tem prejudicado seriamente a saúde mental das pessoas, levando ao surgimento de doenças como depressão, síndrome de pânico, transtornos obsessivo-compulsivos (TOC), entre outras.

As doenças relacionadas ao ambiente de trabalho crescem vertiginosamente nos países em desenvolvimento, nos quais as metas de produção e o excesso de horas de trabalho comprometem a segurança dos trabalhadores. Embora seja difícil obter os números exatos, a Organização Internacional do Trabalho (OIT) estima que as mortes em decorrência do trabalho sejam cinco vezes mais elevadas na China do que nos EUA.

Caso as tendências atuais se mantenham (salvo alguma calamidade imprevista), em 2020 o índice de doenças infecciosas como diarreia, pneumonia e tuberculose deverá cair em relação ao das doenças crônicas. As doenças mentais, principalmente a depressão, deverão aumentar, ocupando o 2º lugar dos problemas de saúde que mais afetam a população mundial. As doenças cardíacas deverão manter o 1º lugar e os acidentes de trânsito deverão subir para a 3º colocação. Nesse mesmo período os acidentes relacionados ao processo industrial e a doenças relacionadas à obesidade e ao tabagismo deverão continuar a crescer, comprometendo ainda mais o sistema de saúde.

Outro fator agravante e não menos importante é o uso de drogas, lícitas ou não, como álcool, cocaína, *crack*, anfetaminas, maconha, ópio etc., que, por debilitarem o indivíduo física e psicologicamente, resultam no agravamento do quadro geral de sua saúde perante doenças oportunistas.

Qual será nosso futuro?

Assistimos hoje a uma situação ímpar na história do homem. Primeiramente, verificamos que atingimos um estágio em nossa evolução que nos permite conhecer as alterações pelas quais o planeta vem passando e o seu impacto no meio ambiente. Em segundo lugar, também temos plena consciência dos impactos negativos que o modelo atual de desenvolvimento representa para o planeta, colocando em risco o delicado equilíbrio da teia da vida. Finalmente, apesar de todo o conhecimento científico/tecnológico desenvolvido e da experiência histórica acumulada ao longo de sua existência, a humanidade não sinaliza mudar de rota em sua caminhada para o precipício. Ou seja, sabemos que:

- a Terra, em futuro próximo, não terá condições de fornecer os recursos necessários para atender às inúmeras demandas que as sociedades humanas modernas lhe impõem;
- o fator pobreza é um forte impedimento para a implantação de práticas individuais ou coletivas de sustentabilidade, visando à preservação e à recuperação do meio ambiente; e
- a lógica econômico-financeira continua a ser o eixo norteador de todas as atividades humanas, impedindo a tomada de decisões políticas inovadoras, na busca de um caminho em que o desenvolvimento seja pautado pela sustentabilidade (que também possui sua componente econômica).

O futuro sempre foi alvo de preocupações e especulações por parte do *Homo sapiens*. Entretanto, se num passado não muito remoto as questões que preocupavam o ser humano eram relacionadas ao futuro próximo e individual, como garantia de alimentação, habitação, vestuário, trabalho, os filhos, a morte etc., desde a metade do século XX, com o crescimento da chamada consciência ambiental, o homem passou a preocupar-se também com um futuro mais distante e coletivo, ou seja, aquele que envolve as futuras gerações de sua espécie no que se refere às condições de vida no planeta, e até mesmo à possibilidade de sobrevivência em um mundo de transformações tão rápidas e constantes.

A partir dos anos 1990 o aquecimento global começou a ganhar *status* de ator principal no palco das discussões ambientais globais. Em 1995, quando foi realizada em Berlim a 1ª Conferência das Partes da Convenção-Quadro da ONU sobre a Mudança do Clima, a chamada COP 1, a comunidade científica enfatizou que, em escala global, o maior desafio ambiental era lidar com as mudanças climáticas.

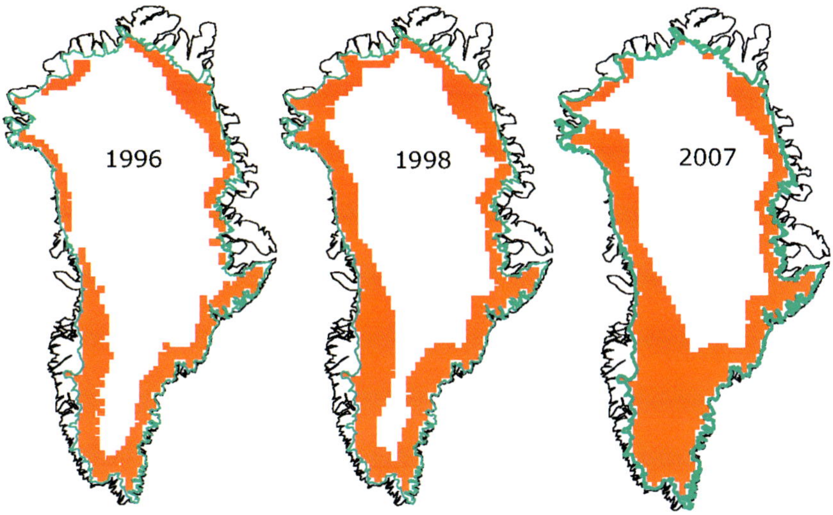

A aceleração do degelo na calota polar da Groenlândia duplicou nos últimos 20 anos (em vermelho nos mapas).

Foi em Berlim que começou a ser desenhado o Protocolo de Kyoto, que seria assinado dois anos depois no Japão, e onde se decidiu que o Painel Intergovernamental de Mudanças Climáticas – IPCC, órgão da ONU que reúne cerca de 2.000 cientistas de todo o mundo, se encarregaria dali para a frente de fornecer dados científicos sobre o problema. Desde então os relatórios do IPCC têm sido objeto de intensas e diversificadas discussões acadêmicas e políticas, que vão desde previsões apocalípticas até o total descrédito por parte de alguns cientistas.

Atualmente, a questão do clima pode ser traduzida nas seguintes indagações, sob o ponto de vista ambiental:

- Qual o comportamento do clima no planeta, no tempo e no espaço?
- Qual a influência das atividades humanas nas alterações climáticas?
- Quais as consequências para a biosfera de um aumento da temperatura média global?
- Temos condições de reverter as mudanças que estão ocorrendo ou que ainda ocorrerão?

A cada estudo científico realizado, agravam-se as previsões e os cenários futuros ficam cada vez mais tenebrosos. Se o IPCC estiver certo, "há chances de mudanças radicais, prejudiciais, abruptas e potencialmente irreversíveis". Com mais calor, resultante do incremento do efeito estufa, o nível dos mares deverá subir, acarretando inundações das áreas costeiras. Há pequenas ilhas no Pacífico que tendem simplesmente a desaparecer por submersão.

O cenário futurista previsto pelos cientistas é dantesco e pode levar a um estado de paralisia (seja no sentido coletivo, seja no individual) segundo uma visão equivocada de que não adianta fazer nada, pois tudo é muito complicado, e que as forças do poder econômico internacional impediriam qualquer mudança de paradigma do desenvolvimento humano.

No entanto, não compartilhamos dessa ideia. Podemos e devemos fazer alguma coisa, tanto na perspectiva individual como na coletiva. Para tanto é necessário conhecermos os instrumentos de participação da comunidade nos diversos fóruns coletivos de discussão de políticas públicas e sabermos que mudanças de comportamento individual podem fazer a diferença, se pensarmos em termos globais.

Esse será o tema do próximo capítulo deste livro, com o qual esperamos que você se entusiasme e parta para a ação concreta nos âmbitos de sua família, de seu bairro, de sua cidade e até de seu país.

6. Podemos, sim, fazer alguma coisa

Diante do longo histórico e das próprias dimensões dos desafios da sustentabilidade, é preciso cuidado para não nos deixarmos levar por um sentimento de impotência diante dos fatos, imaginando que somente grandes corporações, grupos econômicos ou as três esferas da administração pública (municipal, estadual e federal) é que têm capacidade de ação efetiva sobre os problemas ambientais que batem à nossa porta.

É claro que eles têm um papel imprescindível a cumprir nas mudanças de paradigmas que o momento está exigindo, mas é igualmente certo que cada um de nós, simples cidadãos, podemos e temos que atuar positivamente nesse processo, por meio de nossas atitudes no dia a dia. As transformações de que o mundo necessita virão como resultado de um processo tanto de cima para baixo, com a crescente conscientização e organização dos diversos países e dos organismos transnacionais ligados ao meio ambiente, como de baixo para cima, com o engajamento crescente de cada um de nós na construção de uma economia e de um modo de vida mais sustentáveis.

O ideal é colocarmos em prática aquela máxima que diz "Pensar globalmente e agir localmente". Ou seja, uma vez conscientes da seriedade do momento histórico que nosso país (e, por extensão, o mundo) atravessa, devemos nos informar do que podemos fazer em nossa casa, ou mesmo no nosso bairro, e arregaçar as mangas, reeducando-nos para práticas sustentáveis locais sem nada esperar de ninguém. Ao contrário, devemos dar o exemplo para que outras pessoas se sensibilizem a nos acompanhar. E, de exemplo em exemplo, de atitude em atitude, nos tornaremos uma expressiva maioria da população a buscar um planeta melhor para nós e nossos filhos.

© PAVEL L PHOTO AND VIDEO/SHUTTERSTOCK

Atividades como o plantio de árvores ensinam às crianças, desde cedo, o que é cidadania ambiental: gozar dos direitos civis e políticos, mas com deveres e responsabilidades a cumprir na melhoria e preservação de nosso meio ambiente.

Num mundo onde se clama e se trabalha tanto por uma cidadania mais participativa nas relações de consumo e no estabelecimento de políticas públicas para transporte, saúde, segurança e tantos outros aspectos de nossa vida, como exigir de nossos líderes atitudes que nós mesmos nos recusamos a tomar? Como exigir lisura e visão de futuro, se só pensarmos em nós mesmos? Como exigir leis inclusivas e voltadas ao interesse de todos, se formos os maiores egoístas? Como exigir nossos direitos sem cumprirmos com nossos deveres?

E quais são os nossos deveres? Bem, cada situação e cada problema vão exigir de nós uma postura adequada e particular, que o entendimento de todo o processo de sustentabilidade descrito neste trabalho nos ajudou a perceber. Mas já estão delineadas algumas diretrizes que devemos integrar ao nosso estilo de vida desde já, que certamente nos ajudarão a caminhar na direção de um planeta mais equilibrado.

Caminhos para a sustentabilidade

Precisamos entender o ato de consumo consciente como um instrumento fundamental de transformação do mundo, pois qualquer consumidor contribui para a sustentabilidade da vida no planeta ao adquirir produtos e/ou serviços socialmente justos, economicamente viáveis e ecologicamente limpos.

O consumo deve ser visto não só como ato pontual, mas como processo, que começa com o consumidor antes da compra e termina após o descarte do produto. As questões que o consumidor consciente deve se fazer antes de comprar são: por que comprar? De quem comprar? O que comprar? Como comprar? Como usar? Como descartar? Quem responde a essas perguntas tende a reduzir os seus impactos negativos e a potencializar as forças que vão ao encontro de uma sociedade sustentável.

Estima-se que a humanidade já consome 25% a mais de recursos naturais do que a capacidade de renovação da Terra. Se os padrões de consumo e produção se mantiverem como estão, em menos de 50 anos precisaremos de dois planetas Terra para atender a nossas necessidades de água, energia e alimentos. Essa situação já é sentida hoje, por exemplo, no acesso irregular à água de boa qualidade em várias partes do mundo, na poluição dos centros urbanos e no aquecimento global.

A boa notícia é que, se somos parte do problema, também somos parte da solução. Ela pede a participação de organizações multilaterais, governos, corporações, organizações da sociedade civil – mas, essencialmente, de pessoas. Mas a pergunta que sobressai e permanece é: **no dia a dia, como fazer escolhas mais sustentáveis?** Daí nasceram as indicações a seguir, que ajudam cada um de nós a consumir valorizando soluções e produtos mais sustentáveis.

Mas, antes de descermos às condutas mais cotidianas, é bom frisar que, genericamente, nosso consumo deve orientar-se por alguns novos caminhos que podem ser didaticamente elencados.

DEZ NOVOS CAMINHOS PARA A PRODUÇÃO RESPONSÁVEL E O CONSUMO CONSCIENTE

SÃO CAMINHOS QUE VALORIZAM...

1. OS PRODUTOS DURÁVEIS MAIS QUE OS DESCARTÁVEIS OU DE OBSOLESCÊNCIA ACELERADA;
2. A PRODUÇÃO E O DESENVOLVIMENTO LOCAIS MAIS QUE A PRODUÇÃO GLOBAL;
3. O USO COMPARTILHADO DE PRODUTOS MAIS QUE A POSSE E O USO INDIVIDUAL;
4. A PRODUÇÃO, OS PRODUTOS E OS SERVIÇOS SOCIAL E AMBIENTALMENTE MAIS SUSTENTÁVEIS;
5. AS OPÇÕES VIRTUAIS MAIS QUE AS OPÇÕES MATERIAIS;
6. O NÃO DESPERDÍCIO DOS ALIMENTOS E PRODUTOS, PROMOVENDO O SEU APROVEITAMENTO INTEGRAL E O PROLONGAMENTO DE SUA VIDA ÚTIL;
7. A SATISFAÇÃO PELO USO DOS PRODUTOS E NÃO PELA COMPRA EM EXCESSO;
8. OS PRODUTOS E AS ESCOLHAS MAIS SAUDÁVEIS PARA NOSSO CORPO E MENTE;
9. AS EMOÇÕES, AS IDEIAS E AS EXPERIÊNCIAS MAIS QUE OS PRODUTOS MATERIAIS;
10. A COOPERAÇÃO MAIS QUE A COMPETIÇÃO.

A sustentabilidade na internet

O mundo em que vivemos está cada vez mais plugado e integrado pela internet. Há procedimentos simples de nossas vidas que hoje nem nos lembramos como eram feitos sem a rede mundial de computadores. A inclusão digital é um fenômeno aparentemente irreversível, e pessoas de todas as idades e atividades têm sido envolvidas por ele. Mas, além de proporcionar *sites* de notícias, jogos *on-line* e redes sociais, essa ferramenta do mundo moderno pode ser uma grande aliada da sustentabilidade.

Como usar a internet a favor da sustentabilidade

1. **FAÇA SEU SUPERMERCADO:** muitas redes de supermercados já dispõem de serviços de compras pela internet. Se for o caso do seu, use-o. Além de seguro, o serviço poupa combustível (já que a entrega normalmente é sincronizada e feita de uma vez só, por um único veículo), tempo, dinheiro e estresse. Também tente fazer as encomendas junto com parentes, amigos e vizinhos. Isso evitará mais gastos com entrega e viagens desnecessárias.

2. **PAGUE SUAS CONTAS:** a internet encurta distâncias e agiliza a vida dos mais atarefados. Faça transações financeiras *on-line* e poupe combustível, papel (de recibos, boletos e comprovantes) e reduza o volume de lixo. O cliente de banco hoje pode fazer consultas, transferências, pagamentos e outras movimentações financeiras sem precisar sair de casa. Os recibos e comprovantes são digitais e possuem o mesmo valor legal que os impressos. Você só terá de imprimi-los se for necessário. Ao deixar o carro em casa e evitar imprimir os documentos, você contribuirá para que toneladas de

gases poluentes não sejam lançadas na atmosfera e manterá milhões de árvores em pé. Por fim, essas transações são mais seguras, já que o cliente não precisa ir a um banco e sair de lá com grandes quantias, atraindo ladrões.

3. **FAÇA REUNIÕES:** sempre que puder, conte com a tecnologia à sua disposição, o telefone e a internet, e resolva os problemas de trabalho sem se deslocar. Um *e-mail* muitas vezes pode substituir um *motoboy* e um telefonema em viva voz pode ser usado em reuniões. Hoje em dia, muitas empresas já adotaram as teleconferências e as reuniões *on-line* em diversas partes do mundo. Por meio desses serviços, reuniões, encontros com clientes, treinamentos, demonstrações e *workshops* podem ser realizados por telefone ou pela internet, sem a necessidade de que sejam presenciais. Isso diminui os custos corporativos e evita o deslocamento dos participantes, seja por via aérea ou terrestre.

4. **SEJA VOLUNTÁRIO:** a rotina corrida e as preocupações cotidianas acabam sendo um empecilho na hora de colaborar. É por isso que uma nova modalidade de voluntariado ganha cada vez mais espaço no Brasil: os voluntários *on-line*. Adequando a contribuição das pessoas interessadas em ajudar às ações sociais desenvolvidas, a prática tem a internet como principal ferramenta de mobilização. A iniciativa, que surgiu nos Estados Unidos e logo ganhou adeptos no Canadá e na Europa, propõe a união solidária, considerando quesitos como disponibilidade, área de interesse e ações sociais desenvolvidas na região. Os voluntários *on-line*, ou voluntários sem sair de casa, têm a oportunidade de contribuir em atividades de diversas organizações que se "encaixam" perfeitamente em suas rotinas diárias. Procure organizações como a

Online Volunteering (www.onlinevolunteering.org), ou o portal Voluntários online (www.voluntariosonline.org) e saiba como participar.

5. **USE GUIAS DE TURISMO *ON-LINE*:** da próxima vez que for viajar, troque o guia impresso por um *on-line*. Algumas ferramentas tecnológicas, como celular e GPS, podem ajudar a desbravar os melhores destinos turísticos sem gastar papel nem tinta de impressora. Mesmo que você precise imprimir algumas folhas, certamente será uma quantidade bem menor de papel do que se comprasse um guia completo, já que nele há muitas informações que não são do seu interesse. Nos guias *on-line* é possível obter todo o tipo de informação sobre o local a ser visitado, como dicas, hospedagem, roteiros, história e até previsão do tempo. Na internet é possível encontrar centenas de *sites* sobre os mais diversos lugares com conteúdo completo e diversificado.

6. **LEIA LIVROS ELETRÔNICOS:** uma boa maneira de ajudar a economizar papel, salvar milhares de árvores e evitar que livros velhos acabem no lixo é ler *e-books*. São livros digitalizados que podem ser visualizados ou baixados no seu computador. O conteúdo é o mesmo do livro tradicional, mas não agride tanto o meio ambiente. Se a tela do computador incomodá-lo durante a leitura, regule a iluminação para torná-la mais confortável. Hoje é possível encontrar inúmeras obras dos mais variados temas com *download* gratuito na internet.

7. **COMPRE MÚSICAS:** centenas de artistas e gravadoras colocam álbuns completos na internet. Por isso, procure saber se seu cantor ou banda favorita já fazem parte desse grupo e compre as músicas

on-line. Além de mais rápido e prático, isso evita todos os gastos com a produção, distribuição e descarte de CDs, capas, encartes etc. O processo é como uma simples compra pela internet. Você ainda pode escolher entre comprar o álbum completo ou apenas as suas músicas preferidas. Mas nada de baixar músicas de forma irregular: pirataria é crime.

8. **PREFIRA OS CATÁLOGOS TELEFÔNICOS E GUIAS DE RUAS DIGITAIS:** multiplique aquelas centenas de páginas por todas as unidades produzidas e você verá quanto papel é gasto para fazer algo que nem usamos mais com tanta frequência. Então, se possível, prefira os catálogos telefônicos e guias de ruas digitais. É muito mais sustentável: os mesmos serviços sem derrubar nenhuma árvore para isso. Além do papel, as listas utilizam tintas e emitem gases poluentes durante sua fabricação e transporte.

9. **EVITE OS *SPAMS*:** aqueles *e-mails* comerciais indesejáveis, geralmente sem nenhum interesse e que superlotam sua caixa de entrada do correio eletrônico. Além de chatos, esses *e-mails* prejudicam o meio ambiente. Uma pesquisa feita por uma empresa de *software* detectou que a circulação dessas mensagens inúteis consome cerca de 33 bilhões de quilowatts/hora por ano, o suficiente para suprir 2,4 milhões de casas com energia elétrica no mesmo período. Por isso, nunca envie esse tipo de mensagem para seus contatos e utilize sempre um serviço *antispam*, que filtra os *e-mails* indesejados.

10. **CONTRIBUA COM CAMPANHAS E MOBILIZAÇÕES:** o ativismo virtual hoje representa um modelo estruturado de mobilização capaz de grandes feitos. *Sites*, *blogs* e redes sociais já são considerados ferramentas capazes de mobilizar milhares de pessoas em todo o mundo – seja

para aprovar leis, como a da Ficha Limpa, seja para organizar moradores de uma comunidade para limpar as ruas, como aconteceu em Londres, após uma série de manifestações e tumultos em bairros da capital britânica. Por isso, informe-se sobre movimentos que estejam angariando apoio para ações em defesa do meio ambiente ou em prol de uma sociedade mais justa e participe! Assine as petições, divulgue nas redes sociais e apoie os movimentos.

Descarte adequado de materiais obsoletos

Uma das maneiras mais diretas e palpáveis para nos engajarmos na luta por um estilo de vida sustentável é nos ocuparmos em dar destino adequado ao que poderíamos chamar, tempos atrás, de lixo. Muito da degradação ambiental típica das grandes cidades está justamente no descarte inadequado e muitas vezes ilegal de pneus, móveis, entulho, equipamentos obsoletos ou fora de uso e até mesmo de lixo orgânico.

1. **ENTULHO DA CONSTRUÇÃO CIVIL:** sobras de argamassa, areia, cerâmica, concreto, madeira, metal, papéis, plásticos, pedras, tijolos, tintas etc. tornaram-se um problema nas grandes cidades brasileiras. A Associação Brasileira de Cimento Portland (ABCP), braço técnico do setor cimenteiro, há alguns anos desenvolve programas e promove sistemas que colaboram para a redução de entulho nas obras. Segundo a Resolução 307 do Conselho Nacional do Meio Ambiente (Conama), as prefeituras não podem receber os entulhos de construção e demolição no aterro sanitário. Cada cidade deve ter um plano integrado de administração de resíduos da construção civil. O entulho da obra encaminhado a uma usina de reciclagem ou beneficiado no próprio canteiro pode ser reutilizado como base

de pavimentação e ainda na fabricação de artefatos de cimento, argamassa, contrapiso e concreto, atendendo ao Conama e às normas da ABNT. Com 1 metro cúbico de entulho reciclado é possível fabricar 227 blocos de concreto. Com 5 metros cúbicos de entulho, é possível erguer uma casa popular, tudo dentro das normas.

2. **Reciclagem doméstica (vidros, plásticos, metais e papéis limpos):** separar o lixo doméstico e selecionar os resíduos recicláveis já é um hábito de muitas pessoas. No entanto nem sempre o material tem uma destinação correta e as pessoas não sabem se o material chega até as cooperativas de catadores, onde é triado e encaminhado às empresas recicladoras. O *site* Rota da Reciclagem aponta cooperativas, pontos de entrega voluntária e comércios ligados à cadeia de reciclagem. Criado pela Tetra Pak, com a tecnologia do Google Maps, basta o internauta digitar seu endereço para ter o retorno dos locais mais próximos da sua residência que recebem os materiais recicláveis. O *site* de busca já cadastrou mais de 2.300 iniciativas de coleta seletiva e apresenta média de 8,3 mil visitas por mês. No *site* do Compromisso Empresarial para Reciclagem (Cempre) você também encontra uma lista de empresas de reciclagem.

3. **Telefones celulares e acessórios:** componentes de aparelhos celulares, como plásticos, alumínio, cobre e outros, são altamente poluidores. Porém, todos eles podem ser 100% recuperados e utilizados para outros fins, eliminando, assim, o risco de poluição do ambiente quando descartados. Alguns fabricantes e operadoras de celular aceitam, em sua própria rede de lojas, aparelhos antigos de todas as marcas, além de acessórios, como carregadores e fones de ouvido. As baterias de celulares podem ser entregues

nas caixas de coleta das lojas da sua operadora ou na rede de assistência técnica autorizada do fabricante do aparelho. Veja no *site* do Cempre uma relação de empresas que compram aparelhos eletroeletrônicos, lâmpadas e baterias usadas.

4. **COMPUTADORES:** o programa de reciclagem da Dell inclui a coleta gratuita e em domicílio de computadores e equipamentos periféricos. Para os computadores usados da marca Dell, o serviço não está vinculado à compra de um novo computador; já para equipamentos de outras marcas (computadores e impressoras), a Dell também oferece a reciclagem gratuita com a compra de um novo computador ou impressora Dell. A fabricante HP coleta computadores usados por meio da sua rede de distribuidores e revendas. O Centro para Democratização da Informática (CDI) está presente em várias cidades brasileiras e recebe computadores doados para programas de inclusão digital. É possível agendar a retirada de computadores na própria residência do doador.

5. **ACRÍLICO:** extremamente valioso no mercado de reciclagem, quando comparado a outros plásticos, o acrílico tem se tornado popular entre as empresas coletoras de plástico. O alto valor pago pelas recicladoras pelo quilo do acrílico faz com que o reaproveitamento do produto seja bastante elevado. Atualmente, as sucatas de acrílico reaproveitadas representam cerca de 10% da produção do material. Estimativas do setor apontam que, no país, são recicladas aproximadamente duas mil toneladas por ano, tanto em chapas como em resinas. Esse número só não é maior porque o material, diferentemente dos outros plásticos mais comuns, é

empregado na fabricação de produtos não descartáveis, que só vão para o lixo quando quebram ou chegam ao final da vida útil. As chapas resultantes do processo de reaproveitamento do acrílico são mais baratas e podem ser usadas na construção de objetos decorativos, de *displays* comerciais e até de acessórios femininos, entre tantas outras aplicações.

6. **PILHAS E BATERIAS:** de acordo com a Resolução 257 do Conama, de 22 de julho de 1999, complementada em 22 de dezembro de 1999 pela Resolução 263, as pilhas comuns e alcalinas (utilizadas em rádios, lanternas etc.) podem ser descartadas no lixo doméstico, pois os fabricantes legalizados já cumprem as normas nacionais relativas aos limites de metais pesados. A Resolução indica as baterias que devem ser retornadas aos fabricantes: níquel-cádmio, contidas em alguns celulares, telefones sem fio e aparelhos com sistemas recarregáveis; chumbo-ácido, utilizadas em veículos e pelas indústrias, além de algumas filmadoras de modelo antigo; óxido de mercúrio, utilizadas em equipamentos de navegação e aparelhos de instrumentação e controle. Apesar de permitido por lei, o descarte de pilhas e baterias no lixo doméstico pode se tornar um problema, pois a grande maioria das cidades brasileiras não possui aterros sanitários, ou seja, por mais que os componentes estejam dentro do permitido, o risco de poluição existe. O mais adequado é procurar um ponto de descarte, o que é muito comum atualmente, podendo ser encontrados em lojas de materiais fotográficos, supermercados, postos de gasolina, entre outros. Outro problema em relação à Resolução Conama é que ela leva em conta as pilhas e baterias de fabricantes legalizados, e infelizmente grande parte da venda no Brasil ainda é dominada por contrabando.

7. **PNEUS:** criada em março de 2007 pelos fabricantes de pneus novos Bridgestone, Firestone, Goodyear, Michelin e Pirelli, a Reciclanip é uma iniciativa da indústria brasileira na área de responsabilidade pós-consumo, com a coleta e destinação de pneus fora de uso. A formação de parcerias com o setor público possibilitou, até o momento, a criação de 374 pontos de coleta de pneus, distribuídos por 21 estados brasileiros. Isso permitiu a destinação de mais de 200 milhões de pneus de automóveis gastos e fora de uso, o equivalente a 1 milhão de toneladas de pneus coletados e destinados de forma ambientalmente adequada.

8. **CARTUCHOS E FITAS PARA IMPRESSORAS:** dentro do contexto do Plano Visão Ambiental 2050, lançado em 2008 pelo Grupo Seiko-Epson, os cartuchos para impressoras e multifuncionais jato de tinta e as fitas para impressoras matriciais produzidas pela empresa terão um encaminhamento ecologicamente correto, sem prejudicar o meio ambiente. As bases do programa são os Centros de Serviço Autorizado Epson. São mais de 130 lojas, em 26 estados diferentes, que ficarão responsáveis por receber os cartuchos e as fitas usadas. Os materiais serão depositados em um coletor especialmente desenvolvido para esse fim e, em seguida, transportados para uma estação de tratamento de resíduos, onde serão submetidos ao sistema de coprocessamento, que consiste na destruição térmica dos resíduos em fornos de cimento.

O uso sustentável da água

Elemento de máxima importância para a vida na Terra, a água continua a merecer de nós um tratamento mais digno e ecologicamente sustentável. Neste planeta, apenas cerca de um por cento de toda a água está disponível para sete bilhões de pessoas e uma infinidade de ecossistemas de água doce. É essa pequena parte de água que temos de usar para satisfazer todas as nossas necessidades de irrigação, indústria, água potável e saneamento e as necessidades de milhares, senão milhões, de outras espécies que compartilham o planeta conosco.

© LUIS MOURA/WPP/FOLHAPRESS

Imagem atual do sistema Cantareira. O maior reservatório de abastecimento de água da Região Metropolitana de São Paulo está praticamente seco.

O estilo de vida norte-americano, por exemplo, exige de 1 500 a 2 500 litros de água por dia, por habitante, dos quais 70% vão para a alimentação. Se cada um de nós aprendêssemos a conservar um pouco mais esse bem, seria possível obtermos grandes economias. Separamos aqui uma compilação de dicas de economia, várias delas sugeridas por Sandra Postel, colaboradora na área de água doce da revista *National Geographic*, para pequenas e simples mudanças que podem ser adotadas nas rotinas diárias.

1. **EM SUA CASA OU ESCRITÓRIO, ESCOLHA UM PAISAGISMO APROPRIADO PARA O CLIMA DA SUA REGIÃO.** Plantas nativas e gramíneas que se desenvolvem somente na chuva são as melhores.

2. **INSTALE CHUVEIROS E TORNEIRAS DE BAIXO FLUXO.** Economizando água quente, você também reduzirá sua conta de luz ou de gás.

3. **COMPRE DESCARGAS DE BAIXO VOLUME, VOLUME ULTRABAIXO OU MODELOS DE DOIS FLUXOS.** Há modelos com 3 e 6 lpf (litros por função).

4. **CONSERTE TORNEIRAS COM VAZAMENTOS.** Todas essas gotas desperdiçadas chegam às vezes, no fim de um dia inteiro, a até 95 litros de perda. Para isso, verifique o seu hidrômetro, canos alimentados diretamente pela água da rua, canos alimentados pela caixa-d´água e reservatórios subterrâneos de edifícios. Um buraco de 2 mm (um pouco maior que a cabeça de um alfinete) em um cano desperdiça até 3.200 litros de água em um dia. Na hora de viajar, lembre-se de fechar o registro de água de sua casa.

5. **COLOQUE AS MÁQUINAS DE LAVAR LOUÇA OU ROUPA PARA FUNCIONAR SOMENTE QUANDO ESTIVEREM CHEIAS.** Quando for a hora de substituí-las, compre um modelo energeticamente eficiente. Lembre-se: economizando água economiza-se energia, e poupando energia poupa-se água.

6. **RECICLE PLÁSTICOS, VIDROS, METAIS E PAPEL.** Compre produtos que podem ser reutilizados e diminua sua quantidade de lixo. Assim, poupamos matéria-prima nova e, ao mesmo tempo, poupamos água, pois a produção de novos itens consome água.

7. **NO BANHEIRO, FECHE A TORNEIRA ENQUANTO ESCOVA OS DENTES E USE UM MINUTO OU DOIS DE SEU BANHO, NO MÁXIMO, PARA FAZER A BARBA.**

Quem não tem esse hábito desperdiça de 12 a 20 litros de água por minuto. E, se deixar a torneira pingando, são desperdiçados 46 litros por dia. Outra coisa, nada de banhos de banheira. Eles gastam, em média, 80 litros do recurso natural, enquanto o chuveiro (aberto durante cinco minutos) gasta 30 litros.

8. **NA COZINHA, AO LAVAR LOUÇA, NÃO DEIXE A TORNEIRA ABERTA O TEMPO TODO.** O desperdício pode ser de 105 litros. Então, nada melhor que ensaboar as peças e depois enxaguar tudo de uma só vez. Outra opção é deixar os pratos de molho antes, assim a gordura sai com mais facilidade. Uma dica para os mais engajados: utilize uma bacia para ensaboar. O resultado é o mesmo e a economia pode chegar a 160 litros a cada lavagem. Você ainda pode fazer isso na própria pia, tapando a saída da água.

9. **CONHEÇA SUA FONTE DE ÁGUA.** Procure saber qual rio, lago ou aquífero abastece sua casa. Uma vez que você o conheça, a tendência é que se preocupe mais com ele e não queira desperdiçar água.

10. **NA FAXINA, TROQUE, SEMPRE QUE POSSÍVEL, A MANGUEIRA POR VASSOURA E BALDE.** Fazendo isso você poderá economizar até 250 litros. Na área de serviço, acumule roupas e lave todas de uma só vez utilizando o modo "suave", se não estiverem muito sujas, claro. A ação poupará energia.

11. **NO JARDIM, PARA REGAR AS PLANTAS, O MELHOR É FAZER ISSO À NOITE OU NO INÍCIO DA MANHÃ.** Nessas horas mais frias, as plantas usam menos água para sobreviver.

12. **LAVANDO O CARRO.** Fazer isso com uma mangueira gasta até 560 litros de água em 30 minutos. Quando precisar lavar o carro, use

um balde ou a nova modalidade de lavagem a seco, que só precisa de 250 ml do recurso.

13. **NA FEIRA.** O verão é uma excelente época para consumir frutas. Mas só compre as que vai consumir e opte pelas da época, como ameixa, banana-maçã, pera, nectarina, maracujá, jaca, figo e uva. Lembre-se de que, para cultivar uma fruta fora de sua época, são necessários muitos litros de água.

14. **NO FIM DE SEMANA**, o sol sempre nos convida para a praia. Por isso, lembre-se de **NÃO UTILIZAR ÁGUA DO CHUVEIRO PARA AS CRIANÇAS BRINCAREM E NADA DE DEMORA NA HORA DE TIRAR O SAL E A AREIA DO CORPO.** Alerte o responsável pelo local, caso a mangueira ou o chuveiro fiquem abertos permanentemente. Para os adeptos da piscina, não se esqueçam de cobri-la quando não a utilizarem, evitando, assim, a evaporação.

15. **REAPROVEITE SEMPRE.** Se você cria peixes em casa, sabe bem quantos litros de água são jogados fora a cada limpeza do aquário. Uma boa forma de reaproveitar a água é utilizando-a para regar suas plantas. A água utilizada durante o banho pode servir para a descarga, a da máquina de lavar pode ser útil para limpar a calçada e a que foi usada para lavar as verduras também pode irrigar o jardim. Se for possível, instale um sistema de reaproveitamento de água em sua casa, mas, se não for, um balde comum pode fazer o serviço muito bem.

16. **COMA MENOS CARNE, ESPECIALMENTE BOVINA.** Produzir um hambúrguer tradicional pode gastar 2.400 litros de água.

17. **COMPRE MENOS COISAS EM GERAL.** Praticamente tudo precisa de água para ser produzido. Então, se formos menos consumistas, diminuiremos nossa pegada hídrica.

Alimentar-se de forma saudável e sustentável

Você sabia que pode reduzir até mesmo os impactos ambientais causados por sua alimentação? Para os membros da *Bon Appétit*, revista norte-americana de alimentação, é possível diminuir os danos globais com pequenas atitudes individuais relativas à nossa mesa. Pensando nisso, eles listaram cinco dicas essenciais para quem quer se alimentar com saúde, qualidade e respeito ao planeta.

1. **NÃO DESPERDICE.** Quando você joga comida fora, está transformando em lixo não apenas aquelas sobras, mas também toda a energia gasta para cultivar, transportar e preparar a refeição. Quando chega aos aterros sanitários, essa comida libera gás metano, um dos gases causadores do efeito estufa. Por isso, compre e cozinhe apenas a comida que você vai comer. Se sobrar, guarde para a próxima refeição.

2. **FAÇA DO “LOCAL E SAZONAL” SEU MANTRA ALIMENTAR.** Alimentos que são cultivados sazonalmente e dentro do perímetro da sua região geralmente emitem menos carbono na atmosfera. Por isso, essas devem ser as suas primeiras opções. Mas tome cuidado para não comprar alimentos cultivados em estufas aquecidas com energias não renováveis, mesmo que elas estejam próximas a você.

3. **AFASTE-SE DE CARNES VERMELHAS E QUEIJOS.** A pecuária é responsável por 18% das emissões mundiais de gases do efeito estufa. Se você não puder viver sem carne e queijo, considere ao menos reduzir a quantidade desses itens e selecione-os criteriosamente,

comendo com menos frequência e apenas aquilo que você realmente ama.

4. **EVITE FRUTAS E PEIXES DE OUTROS PAÍSES.** Quando você compra mariscos e frutas "frescas" vindas de outros países, saiba que, para que elas estejam no supermercado pouco tempo após sua colheita, foi preciso transportá-las de avião, o que torna as emissões dez vezes maiores do que se esses alimentos viessem de navio. Por isso, prefira sempre alimentos locais e os frutos do mar que foram "processados e congelados no mar".

5. **EVITE ALIMENTOS PROCESSADOS E EMBALADOS.** Salgadinhos, sucos e até mesmo hambúrgueres vegetarianos (preparados, embalados, congelados e transportados) consomem muita energia e geram lixo, e nós comemos essas coisas sem pensar. Por isso, quando você precisar de um lanche ou de uma refeição prática e rápida, escolha uma fruta fresca local, pequenas quantidades de nozes ou outras opções caseiras e mais gostosas.

Desinfetante ecológico

Para levar uma vida mais sustentável o ideal é buscar sempre produtos naturais que, na medida do possível, tenham impacto mínimo no meio ambiente. O problema é que em alguns casos parece complicado seguir a linha ecologicamente correta, como no caso dos produtos para limpeza. Disponíveis em qualquer mercado, a maioria é tóxica e prejudicial à natureza. Como é impossível evitar o uso de materiais de limpeza, a solução, então, é fazer seus próprios produtos. A dica é da empresa Surya Brasil, que não utiliza mais produtos de limpeza tóxicos. A preparação é simples e requer poucos ingredientes.

Ingredientes

- 1 litro de álcool
- 1 limão
- 1 colher de bicarbonato de sódio
- Ervas aromáticas (lavanda, hortelã, eucalipto etc.)
- 1 litro de água ou vinagre
- 1 garrafa PET

Escolha as ervas aromáticas de sua preferência e coloque-as dentro de um litro de álcool. Deixe essa mistura em um local escuro por três dias. Após esse período, pegue a garrafa PET e dentro dela misture um copo do álcool com ervas, a água ou vinagre, o limão e o bicarbonato de sódio. Para cada litro de desinfetante é usado apenas um copo de álcool. Mesmo assim, a composição do líquido com as ervas pode ser armazenada para uso posterior.

Refrescando o ambiente sem ar-condicionado

Quando o verão chega com suas altas temperaturas, as pessoas que moram nos centros urbanos e não podem aproveitar a brisa do mar, ou o frescor de parques arborizados, acabam, quando possível, apelando para o ar-condicionado. Já é bem conhecido o quão prejudicial para o ambiente e para a saúde das pessoas é o uso indiscriminado desse aparelhinho tão querido nos dias quentes, além de seu consumo de energia desestabilizar qualquer orçamento.

Portanto, para quem não conta com um ar-condicionado, ou quer usá-lo apenas nos casos de calor mais extremos, algumas dicas podem ajudar a manter seu ambiente mais fresco, ecologicamente correto e, é claro, econômico.

1. **FECHE AS JANELAS.** Pode parecer absurdo, mas abrir as janelas em dias quentes de verão torna sua casa mais quente, e não mais fresca. Abra as janelas apenas à noite, quando o ar é mais frio do lado de fora do que dentro, e feche-as – juntamente com persianas e cortinas – antes que o sol bata no ambiente pela manhã. Quando a noite cair, abra bem as janelas, particularmente aquelas que dão para correntes de ventos, aproveitando, assim, a ventilação natural. Isso permitirá que o ar fresco da noite circule e evita que boa parte do calor do Sol entre em casa. Você também pode colocar plantas – especialmente plantas grandes em vasos – em frente de janelas ensolaradas, para que possam absorver parte da energia do Sol.

2. Os **VENTILADORES DE TETO** podem criar uma **BRISA AGRADÁVEL PARA REFRIGERAR** um quarto de forma significativa. Certifique-se de utilizar o ventilador com a rotação das pás na direção certa, mesmo porque ventiladores de teto também podem ser usados no inverno para criar uma corrente ascendente: no verão, você deve sentir a brisa soprando. E lembre-se de que ventiladores de teto servem para refrescar pessoas e não ambientes, portanto, desligue-os quando sair do local. Ao comprar ventiladores de teto novos, certifique-se de comprar aparelhos com certificação energética eficiente. Essa escolha pode fazer diferença no bolso em longo prazo.

3. **VENTILADORES DE CHÃO** colocados **DIRETAMENTE À FRENTE** de uma pessoa, é claro, **AJUDAM A MANTÊ-LA FRESCA**. Borrifando água neles

você pode mudar radicalmente a sua temperatura. Um túnel de vento feito em casa é mais uma opção. Se há uma brisa fresca, principalmente à noite, coloque um ventilador virado para o lado de sua casa que receber o vento, e outro voltado para fora, no lado oposto do cômodo. Você vai maximizar a potência de refrigeração da brisa natural.

4. **COMA ALIMENTOS GELADOS.** Assim como tomar uma bebida gelada ajuda a refrescar, comer alimentos frios também é um hábito aliado do bem-estar nos dias quentes, porque ajuda a manter sua temperatura interna mais baixa. Tente colocar em sua dieta saladas de frutas, principalmente com melancias e melões, ou sopas frias. Se quiser comer algo quente, tente usar um *grill* ou forno de micro-ondas, pois o uso do forno e do fogão aquecerá a temperatura da cozinha e você sentirá mais calor. E lembre-se de que utensílios de cozinha não são os únicos dispositivos que emitem calor: limite o uso de eletrônicos e iluminação. Isso vai ajudar a manter sua casa com uma temperatura mais amena.

5. **APAGUE AS LUZES.** Enquanto lâmpadas fluorescentes compactas e de LED são mais eficientes, as incandescentes produzem tanto calor quanto luz. Mas, mesmo com lâmpadas que geram menos calor, apagar as luzes é sempre eficiente para economizar energia. O mesmo vale para muitos eletrônicos.Tire das tomadas quaisquer aparelhos que não precisem ficar plugados, pois mesmo em modo *stand by* muitos permanecem quentes.

6. **TOME UM BANHO FRIO OU VÁ NADAR.** Pode parecer óbvio, mas não custa ratificar. Se você está com calor, amenize a temperatura do seu coração ao imergir em água fria. A menos que haja 100% de umidade no ar, a evaporação da água do corpo esfriará sua pele as-

sim que você sair da água. Se não puder fazê-lo, use água e cubos de gelo para manter seus pulsos frios – como os vasos sanguíneos estão muito próximos à pele nessa região, o resfriamento é eficaz, como se resfriasse o sangue diretamente.

7. **INSTALE TOLDOS.** Assim como persianas podem ajudar a proteger a sua casa dos raios do Sol, toldos podem, também, ser uma ferramenta que ajuda a economizar em contas de energia, ao reduzir o calor que sua casa absorve. Esse é um investimento que pode valer a pena e até mesmo dar um visual charmoso à casa.

8. **PLANTE ÁRVORES ESTRATEGICAMENTE.** Se sua casa fica quente porque o Sol bate nela implacavelmente em dias quentes de verão, deixe a natureza ajudar a reduzir suas contas de energia por meio do plantio de árvores nas laterais da casa. No verão, suas folhas largas farão sombra, enquanto no inverno os ramos nus não impedirão o calor do Sol de chegar às suas paredes.

Uma reforma sustentável

Na hora de reformar sua casa ou escritório, você também pode pensar de modo sustentável. Quando for o caso, procure contratar profissionais especializados na chamada **remodelação verde**. A remodelação verde é um tipo de reforma alinhado com o meio ambiente, cujo projeto busca economizar por intermédio de maior eficiência energética, melhoria da qualidade do ar e da água no interior e redução do impacto negativo sobre o meio ambiente, além de tornar a propriedade mais valorizada.

Ao planejar a renovação de sua cozinha ou banheiros, ou a adição de espaços adicionais em sua casa, converse com o profissional contratado sobre a criação de uma casa que seja mais eficiente e segura para viver. A remodelação verde engloba os seguintes princípios fundamentais:

- eficiência energética;
- ar interior saudável;
- durabilidade;
- eficiência dos recursos.

Veja, a seguir, alguns exemplos interessantes de estratégias nesse tipo de reforma inteligente.

1. Um dos **OBJETIVOS** de uma **REFORMA SUSTENTÁVEL** é **REDUZIR** a **QUANTIDADE DE RESÍDUOS** que vão para um aterro, reutilizando ou reciclando todos os materiais. Tudo o que for retirado do imóvel em bom estado deve ser doado ou reaproveitado.

2. **SUBSTITUA** suas **LÂMPADAS** por luzes mais eficientes e econômicas.

3. **SUBSTITUA JANELAS ANTIGAS** por **JANELAS ENVIDRAÇADAS**, pois fornecem mais **LUMINOSIDADE NATURAL**.

4. Na parte hidráulica, **INSTALE CHUVEIROS MAIS EFICIENTES** e **QUE CONSUMAM MENOS ÁGUA.** Observe se há vazamentos e elimine-os. Considere fontes de energia renováveis, como a energia solar, com a adição de painéis fotovoltaicos para seu telhado ou quintal.

5. Há muitas opções de **ISOLAMENTO TÉRMICO**, dependendo de onde ele é usado, incluindo fibra de vidro, espuma em *spray*, placa de espuma rígida e celulose.

6. **VERIFIQUE** a presença do **SELO PROCEL** na hora de **COMPRAR NOVOS APARELHOS** para uma remodelação da cozinha, ou quando for substituir um aquecedor de água ou uma secadora de roupas. O selo Procel é um símbolo que representa a eficiência energética.

7. Sistemas de **AQUECIMENTO**, **VENTILAÇÃO** ou de **AR-CONDICIONADO** com **MAIS DE 10 ANOS NÃO SÃO TÃO EFICIENTES** quanto os modelos mais recentes. Ao considerar um novo sistema, escolha um modelo mais eficiente, também com o selo Procel.

8. Se puder, **INSTALE UM TERMOSTATO PROGRAMÁVEL**, que é um dispositivo destinado a manter constante a temperatura de um determinado sistema, por meio de regulagem automática.

9. **ESCOLHA MATERIAIS NÃO TÓXICOS** de construção, tintas e produtos de limpeza. Muitos desses produtos de uso doméstico emitem gases tóxicos que possuem compostos orgânicos voláteis e criam má qualidade do ar interior. Os efeitos colaterais variam de sintomas como fadiga, dores de cabeça, náuseas e irritação nos olhos, nariz e garganta, a doenças respiratórias, como asma e bronquite, e até problemas mais graves (danos renais, hepáticos ou câncer). A cortiça, por exemplo, é um material sustentável. Como revestimento, reduz a poluição sonora na casa e é uma opção saudável para quem sofre de alergias.

10. **EVITE PELOS** de animais, ácaros e poeira, instalando um **SISTEMA DE VENTILAÇÃO MAIS EFICIENTE**, com filtros de ar de alta qualidade.

Um trânsito melhor

O total de veículos nas ruas do Brasil mais que dobrou nos últimos anos, atingindo o total de 64,8 milhões em dezembro de 2010, segundo levantamento do Departamento Nacional de Trânsito (Denatran). E não para por aí, a Agência Internacional de Energia (IEA, na sigla em inglês de International Energy Agency) apontou que em 2035 haverá cerca de 1,7 bilhão de carros nas ruas.

No Rio de Janeiro, por exemplo, as pessoas gastam, em média, quase uma hora e meia no percurso casa-trabalho, sendo que 5% da população chega a perder mais de duas horas no trânsito. Entre os cariocas, o ônibus foi citado como principal meio de locomoção, com aproximadamente 47% de usuários. Já 19% dos entrevistados na pesquisa vão a pé para o trabalho, 10% usam *van*, 3% o metrô, e 1% se locomove de trem. A seguir, conheça algumas das possíveis maneiras de melhorar o trânsito do Brasil.

1. **COMPARTILHAMENTO DE CARROS.** Já está demonstrado que o chamado *car sharing* (compartilhamento de carros, em português) pode ser uma boa solução para pessoas que utilizam carros por curtos períodos de tempo. O modelo de aluguel de carros permite que o motorista utilize o automóvel e deixe-o em um lugar estratégico para que o próximo locatário possa dirigi-lo. Segundo um estudo da Universidade de San José, na Califórnia, feito com empresas do ramo nos Estados Unidos, um único automóvel pode ser usado por até 13 pessoas durante o dia. A norte-americana ZipCars, por exemplo, que detém quase metade do mercado mundial, cobra US$ 8,00 por hora de uso, em qualquer dia da semana. No Brasil, o valor varia entre R$ 13,00 e R$ 47,00.

2. **PEDÁGIO URBANO.** Cobrar pedágio nas áreas centrais da cidade mostrou ser uma solução de sucesso em Londres e em Cingapura. Os recursos arrecadados no pedágio são investidos no transporte público. Na América Latina, Bogotá foi a cidade pioneira na adesão ao modelo, em 2012. Segundo a administração da cidade, a cobrança não é pela posse do carro e sim por utilizá-lo em áreas de risco. Além de ser uma ferramenta para combater o congestionamento, o pedágio urbano também auxilia as cidades a economizar bilhões de dólares em perda de produtividade econômica e custos com saúde pública, além de contribuir para melhorar a qualidade ambiental da região.

3. **CORREDORES E FAIXAS EXCLUSIVAS PARA O TRANSPORTE PÚBLICO.** Corredores expressos para coletivos também são usados em Santiago, no Chile, em Curitiba e em Bogotá, e cada vez mais cidades aderem ao modelo. Reservar uma faixa exclusiva para o transporte público é uma maneira de garantir agilidade no percurso, segundo especialistas. Nas cidades brasileiras, esse sistema é utilizado desde 1974. Um dos projetos para atender a demanda por transporte público de massa para os Jogos Olímpicos de 2016 na cidade do Rio de Janeiro e Grande Rio são os corredores expressos exclusivos, que irão beneficiar cerca de 1,5 milhão de passageiros diariamente quando estiverem concluídos integralmente. Mais conhecidos como BRTs, segundo a embarqbrasil.org, trata-se de um sistema de ônibus de alta capacidade que provê um serviço rápido, confiável e eficiente. São eles o BRT Transcarioca, que já opera com 100% de sua capacidade com 47 estações; o BRT Transoeste, com previsão de entrega total das obras para início de 2016 com 57 estações, e os BRTs Transolímpica e Transbrasil, com previsão até 2018. Este último terá a mesma capacidade de transporte de uma linha de Metrô, porém com custo muito menor.

4. **CICLOVIAS E CICLOFAIXAS.** A bicicleta tem sido um meio de transporte muito utilizado atualmente nas cidades brasileiras. Mas o perigo de pedalar entre os carros pode fazer com que algumas pessoas temam usar a bicicleta como principal meio de transporte. A prefeitura de São Paulo, cidade conhecida por seus extensos engarrafamentos, pretende implantar 400 km de vias exclusivas para as bicicletas até 2016. O projeto é intitulado Sou + SP de Bicicleta. Ciclistas da capital paulista têm cobrado da prefeitura mais medidas de segurança no trânsito.

5. **CARROS COM MAIS PASSAGEIROS E PISTAS DE INCENTIVO PARA CARONAS.** Estimativas apontam que, se todas as pessoas que vão de carro ao trabalho pegassem uma carona uma vez por semana, o trânsito das cidades diminuiria 12%. Isso representa toneladas de CO_2 que deixariam de ser emitidas e quilômetros de engarrafamento a menos. Por isso, outra opção para diminuir o número de carros nas ruas é incentivar a carona. Nos Estados Unidos, por exemplo, foram implantadas pistas exclusivas para automóveis com mais de dois ou três passageiros, nas vias urbanas. A iniciativa é uma tentativa de motivar os motoristas a oferecer caronas. A carona solidária também pode ser uma boa opção. O modelo funciona tanto para empresas e escolas quanto para pessoas do mesmo bairro. O sistema é simples: basta encontrar alguém que tenha um itinerário parecido e combinar para que um dê carona ao outro. Pode funcionar em revezamento (cada dia é utilizado o carro de uma pessoa) ou os caroneiros podem contribuir com uma quantia referente ao combustível, por exemplo. Não há limite de distância, pode ser uma carona para a próxima esquina ou até outra cidade.

Para ir mais longe

Neste livro abordamos de modo geral os principais aspectos relacionados à longa jornada do homem neste planeta e ao impacto de seu desenvolvimento no ambiente que o cerca, incluindo sua tomada de consciência quanto à fragilidade da grande teia da vida que faz com que todos os seres vivos sejam interdependentes.

Procuramos mostrar que é possível alterar nosso paradigma no que se refere ao conceito de desenvolvimento, apesar das pressões econômico-financeiras exercidas por aqueles a quem interessa a manutenção dessa situação, alicerçada em uma sociedade cada vez mais egoísta e consumista. Mudar conceitos e hábitos arraigados há décadas para alcançar um desenvolvimento que seja sustentável do ponto de vista social, econômico, ambiental e institucional não é uma tarefa fácil, porém, não é impossível, e uma das ferramentas para alcançar esse objetivo é a informação.

Nosso objetivo principal foi estimular o leitor a refletir sobre sua existência neste planeta e o quanto seu modo de vida pode impactar negativamente um delicado equilíbrio que a natureza demorou milhões de anos para atingir e que pode ser destruído em apenas alguns anos, por ações impensadas da raça humana.

No próximo tópico, compartilhamos com o leitor uma série de publicações que o auxiliarão a ir mais longe em sua caminhada transformadora, ao final da qual, esperamos, seja levado a alterar sua condição de predador inconsciente para a de guardião ativo da natureza. Com certeza esta listagem não esgota todo o universo de boas referências sobre um tema tão apaixonante, mas é um bom começo para quem deseja dar início à sua própria jornada do conhecimento. Boa leitura!

Sugestões de leitura

BARBIERI, José Carlos. *Desenvolvimento e meio ambiente*: as estratégias de mudanças da Agenda 21. Petropólis: Vozes, 1997.

Depois da Conferência Rio-92, países ricos e pobres começaram a se preocupar seriamente com o chamado desenvolvimento sustentável. Como crescer sem poluir a água, o ar e o solo? Como conciliar crescimento econômico e melhoria do nível de vida? Como explorar os recursos naturais sem esgotar o planeta?

BORN, Rubens Harry *et al. AGENDA 21*: nós da espaçonave Terra dependemos dessa ideia. Instituto Vitae Civilis, 2006.

Este livro enfatiza a importância das transformações sociais e individuais para que nossas sociedades possam encontrar formas de convivência harmoniosa entre si e com o planeta, cuidando de todos os ambientes que sustentam a vida.

BUARQUE, Sérgio C. *Construindo o desenvolvimento local sustentável*: metodologia de planejamento. Rio de Janeiro: Garamond Universitária, 2002.

Apresenta uma proposta de desenvolvimento que procura identificar e explorar as oportunidades e os desafios do mundo contemporâneo, partindo do princípio de que, como qualquer processo social, as mudanças do novo paradigma que emerge com a globalização não são lineares nem constituem apenas desordem e esmagamento das nações e regiões periféricas.

CAMARGO, Aspásia *et al. Meio ambiente Brasil*: avanços e obstáculos pós Rio-92. 2. ed. São Paulo: Estação Liberdade/ FGV/Instituto Socioambiental, 2004.

Com o objetivo de fazer uma avaliação de como evoluíram as discussões e implementações dos resultados da Conferência Rio-92 no Brasil, este livro reúne informações atualizadas sobre questões ambientais relevantes para o país, além de analisar de que forma foram tratadas nos últimos anos, segundo as opiniões de mais de cinquenta especialistas.

CAPRA, Fritjof *et al. Alfabetização ecológica*: a educação das crianças para um mundo sustentável. São Paulo: Cultrix, 2006.

Segundo os pensadores e educadores que escreveram este livro, reorientar o modo como os seres humanos vivem e educar as crianças para que atinjam seus potenciais mais elevados são tarefas com aspectos bem semelhantes. Ambas têm de ser vistas e abordadas no contexto dos sistemas familiar, geográfico, ecológico e político. A criação de comunidades sustentáveis será em vão caso as futuras gerações não aprendam a estabelecer uma parceria com os sistemas naturais, em benefício de ambas as partes. Em outras palavras, elas deverão ser "ecologicamente alfabetizadas".

CARSON, Rachel. *Primavera silenciosa*. São Paulo: Gaia, 2011.

Considerado um marco na literatura ambientalista mundial, este livro apresenta documentação científica de diversas fontes, comprovando as afirmações da autora, que desencadearam uma investigação do governo Kennedy sobre os impactos ambientais decorrentes do uso de produtos químicos utilizados para o combate de pragas. De imediato inspirou a rede americana CBS a produzir um documentário que mostrava os efeitos nocivos do DDT à saúde. Um dos grandes legados deste livro foi a criação, em 1970, da Agência Ambiental Norte-Americana – a EPA.

CLARKE, Robin; KING, Janet. *O atlas da água*: o mapeamento completo do recurso mais precioso do planeta. São Paulo: Publifolha, 2005.

O atlas traz mapas com a distribuição das águas em todo o mundo, faz uma análise de áreas de risco e oferece um panorama brasileiro. O livro trata de assuntos como escassez, exploração de águas subterrâneas, desperdício, secas e inundações, conflitos comerciais e internacionais, tratamento e conservação, entre outros.

CROSBY, Alfred W. *Imperialismo ecológico*: a expansão biológica da Europa 900-1900. São Paulo: Companhia das Letras, 2011.

O livro conta a história da expansão europeia de um ponto de vista provocante e inovador. Em vez de estudar as batalhas militares e políticas ou a agressão social e cultural, o autor concentra-se na pouco examinada invasão biológica das novas terras pelo que chama de "biota portátil" – conjunto de animais, vegetais e doenças que embarcaram junto com os europeus nas caravelas e acabaram por expulsar ou liquidar a flora, a fauna e os habitantes nativos de várias regiões do mundo.

DERENGOSKI, Paulo Ramos. *Meio ambiente: sua história* – como defender o meio ambiente sem ser um ecochato. Florianópolis: Insular, 2001.

A proposta do livro é cobrir as mais diversas questões ambientais sem cair no "ecologês", linguagem difícil de entender utilizada por alguns ecologistas. Entre outros, são abordados temas como o movimento ecológico, a poluição, as tecnologias, a produção de alimentos, a fome, o efeito estufa, as fontes energéticas, a robótica, as mudanças climáticas e o futuro da humanidade.

DIAS, Genebaldo Freire. *40 Contribuições pessoais para a sustentabilidade* São Paulo: Gaia, 2005.

Ciente de que existe uma preocupante degradação ambiental em todo o mundo, o autor, um dos maiores porta-vozes do socioambientalismo, apresenta neste livro 40 sugestões que, praticadas individualmente, por cidadãos conscientes, possibilitarão um meio ambiente mais saudável e, consequentemente, uma sociedade mais justa.

DIAS, Genebaldo Freire. *Educação ambiental*: princípios e práticas. São Paulo: Gaia, 1992.

O livro reúne um conjunto de informações para compreensão e promoção do processo de Educação Ambiental de modo formal e não formal. O autor apresenta, com comentários, textos de participantes das grandes conferências internacionais sobre Educação Ambiental, promovidas pela Organização das Nações Unidas para a Educação, a Ciência e a Cultura (Unesco) e pelo Programa das Nações Unidas para o Meio Ambiente (Pnuma), desde a realizada em 1975, em Belgrado.

DÍAZ, Alberto Pardo. *Educação ambiental como projeto*. Porto Alegre: Artmed, 2006.

A Educação Ambiental, mais do que uma moda passageira, revela-se como uma necessidade imperiosa não apenas para garantir a existência humana e da vida em seu conjunto, mas para construir uma nova sociedade no planeta, mais harmônica e respeitosa com as demais espécies e com o meio que nos sustenta.

DORST, Jean. *A força do ser vivo.* São Paulo: Melhoramentos/Edusp, 1981.

Nesta obra, o autor demonstra que antigas civilizações extinguiram-se em razão dos excessos e da imprevidência dos homens, que destruíram a natureza. Como não pensar que nossa civilização tecnológica tenha chegado ao mesmo estágio fatal? Alerta-nos o autor que o desprezo a certos valores acarreta o fim das civilizações e propõe um código de sobrevivência para a humanidade.

DORST, Jean. *Antes que a natureza morra.* São Paulo: Blücher, 1973.

Livro excepcional pela importância, beleza e atualidade dos assuntos de que trata; pela riqueza de exemplos enunciados pelo autor; pela abordagem multidisciplinar, a única admissível em assuntos desta natureza; e, enfim, pelo "brado de alerta", que só não sensibilizará os mortos, os ignorantes e os inconscientes.

FELLENBERG, Günter. *Introdução aos problemas da poluição ambiental.* São Paulo: EPU/Springer/ Edusp, 1980.

Nesta obra são descritos os efeitos dos fatores mais importantes da poluição ambiental: fatores de origem industrial ou relativos às práticas da pecuária, da medicina e da vida doméstica. Também são apontadas as possíveis consequências da ação do homem sobre o ambiente, a atmosfera, o clima e a qualidade do solo.

GIACOMINI FILHO, Gino. *Meio ambiente & consumismo.* São Paulo: Senac, 2007.

O autor aborda essa grave questão que coloca em jogo o próprio futuro da nossa sociedade. Como consumir? Como gerar bens de consumo? Qual o papel das empresas, do mercado, do Poder Público e até mesmo da propaganda na responsabilidade que todos temos para com a sustentabilidade do ambiente?

GOLEMAN, Daniela. *Inteligência ecológica*: o impacto do consumismo e as mudanças que podem melhorar o planeta. Rio de Janeiro: Elsevier, 2009.

O livro explica por que os consumidores não conseguem identificar as consequências maléficas que os produtos podem causar para o meio ambiente. Segundo o autor, há certa negação coletiva com relação aos impactos causados pelos bens e serviços que consumimos.

GONÇALVES, Carlos Walter P. *Os (des)caminhos do meio ambiente*. 14. ed. São Paulo: Contexto, 2008.

O livro aborda o movimento ecológico com enfoque histórico-cultural, colocando-o como produto da relação que o autor estabelece entre a natureza e a sociedade. Procura também fundamentar o movimento de caráter político-cultural, demonstrando que cada povo constrói seu próprio conceito de natureza, ao mesmo tempo que institui suas relações sociais.

GRIPPI, Sidney. *Atuação responsável & desenvolvimento sustentável*: os grandes desafios do século XXI. Rio de Janeiro: Interciência, 2005.

A obra reúne uma sequência de crimes ambientais em diversas partes do planeta, manchetes de primeira página de jornais e da mídia mundial. Como sempre, eles acabaram por cair no esquecimento e para muitos se tornaram apenas mais uma agressão ao meio ambiente, mais uma notícia.

Instituto Jatobás/ Universidade de Cambridge. *Os 50 + importantes livros em sustentabilidade*. São Paulo: Peirópolis, 2012.

Esta obra busca oferecer ao leitor a essência das ideias dos 50 livros mais importantes sobre o planeta – a relação entre seus habitantes, soluções tecnológicas, concepções filosóficas e econômicas, propostas políticas e um programa de reforma internacional –, visando favorecer a reflexão sobre os caminhos para planejar um mundo equilibrado.

LLOYD, Christopher. *O que aconteceu na Terra?*. Rio de Janeiro: Intrínseca, 2011.

Qual é a idade do Universo? Quando surgiu a vida na Terra? De onde vem a água do mundo? Como algas marinhas se transformaram em árvores altas? O que aconteceu aos dinossauros? Quem foi o ancestral do homem mais antigo? Quando os seres humanos descobriram o fogo? Quem inventou a escrita? Como a antiga ciência chinesa moldou o mundo moderno? Por que a democracia começou na Grécia? Como o Islã desencadeou a globalização? Por que os exploradores europeus partiram para conquistar o mundo? Será que um planeta povoado por sete bilhões de pessoas poderá continuar a prosperar? Essas e muitas outras questões são abordadas neste livro.

LOPES, Carlos. *Cooperação e desenvolvimento humano*: a agenda emergente para o novo milênio. São Paulo: Unesp, 2005.

Neste livro, o autor apresenta a necessidade de um amplo debate político na definição da agenda de desenvolvimento e transformação da sociedade para a redução da pobreza no mundo globalizado. A construção de capacidades para a expansão dos campos de oportunidade nos países em desenvolvimento só será permitida pela compreensão das sociedades em sua complexidade e pela aceitação do multiculturalismo.

LOVELOCK, James. *A vingança de Gaia*. Rio de Janeiro: Intrínseca, 2006.

Este livro faz um alerta à humanidade – o aquecimento global é um processo irreversível e, para que a Terra não seja inabitável já nas próximas décadas, é bom começar a trabalhar para minimizar seus efeitos. Neste livro, o autor não se limita a apontar os problemas, mas também dá sugestões, entre elas a polêmica defesa da energia nuclear como um mal menor e uma forma de a humanidade ganhar tempo que, segundo ele, é curto.

LOVELOCK, James. *Gaia*: alerta final. Rio de Janeiro: Intrínseca, 2010.

Neste livro o autor adverte que os problemas ambientais do século XXI são mais ameaçadores do que ele mesmo havia denunciado, argumentando que somente a Teoria de Gaia, concebida por ele há mais de quarenta anos, poderá de fato ajudar a humanidade a entender essa crise.

LOVELOCK, James. *Gaia*: cura para um planeta doente. São Paulo: Cultrix, 2006.

O autor apresenta sua Teoria de Gaia, segundo a qual a Terra vive e pode ser considerada um gigantesco superorganismo. Também apresenta um *check-up* da saúde de meia-idade do planeta. Como qualquer outra forma de vida madura, Gaia sofreu vários golpes, alguns deles sérios, ao longo do caminho. Até agora, a recuperação sempre foi completa, mas atualmente Gaia está doente e, ao que parece, a humanidade é parte do problema.

MARCONDES, Sandra. *Brasil, amor à primeira vista*: viagem ambiental no Brasil do século XVI ao XXI. São Paulo: Peirópolis, 2005.

O livro começa no dia em que Cabral e sua tripulação de conquistadores europeus deslumbram-se com a beleza e a exuberância da costa brasileira. Terra e muita riqueza à vista! Assim, ele pretende apresentar a questão ambiental desde o descobrimento do Brasil até os dias contemporâneos.

MARTINEZ, Paulo Henrique. *História ambiental paulista*: temas, fontes, métodos. São Paulo: Senac, 2007.

Esta coletânea de estudos ambientais sobre o estado de São Paulo se organiza segundo a perspectiva do desenvolvimento sustentável e se propõe a incorporar a dimensão histórica no conhecimento do meio ambiente brasileiro.

MATTOS, Katty M. da Costa; MATTOS, Arthur. *Valoração econômica do meio ambiente*: uma abordagem teórica e prática . São Paulo: Rima/Fapesp, 2004.

A proposta do livro é quantificar até que ponto a produção sucroalcooleira intervém no meio ambiente, principalmente por intermédio da queimada da cana-de-açúcar, que é estudada também do ponto de vista da legislação ambiental brasileira.

MEDINA, Naná Mininni; SANTOS, Elizabeth da Conceição. *Educação ambiental*: uma metodologia participativa de formação. Petrópolis: Vozes, 2001.

Esta obra apresenta uma "proposta de participação-ação para a construção do conhecimento", facilitando o processo de capacitação de recursos humanos na área de Educação Ambiental, partindo de uma reflexão crítica sobre a situação ambiental contemporânea e a complexidade da questão ecológica.

NEINAN, Zysman. *Era verde?* Ecossistemas brasileiros ameaçados. 24. ed. São Paulo: Atual, 2013. Col. Meio Ambiente.

O livro busca traçar um quadro geral da situação dos principais ecossistemas brasileiros: a Amazônia, a Mata Atlântica, o Pantanal e outros. Propõe-se a tratar as questões sociais de forma menos exaustivas e dá ênfase aos aspectos biológicos dos diversos ecossistemas.

PELICIONI, Maria Cecília Focesi; PHILIPPI JR., Arlindo. *Educação ambiental em diferentes espaços*. São Paulo: Signus, 2007.

Este livro demonstra concretamente que um dos preceitos básicos da Educação Ambiental é o de ser uma proposta político-pedagógica que pode e deve ser realizada nos mais diferentes espaços de aprendizagem, socialização e convivência.

PHILIPPI JR., Arlindo; PELICIONI, Maria Cecília Focesi. *Educação ambiental e sustentabilidade*. 2. ed. São Paulo: Edusp, 2014.

Neste livro, a Educação Ambiental é entendida como educação política de formação para a cidadania ativa, visando uma ação transformadora da realidade socioambiental. A obra foi estruturada em seis partes que abordam questões conceituais e de fundamentação em meio ambiente e em Educação Ambiental, estratégias para aplicação da Educação Ambiental por meio de diferentes instrumentos, fundamentos metodológicos e, por fim, estudos aplicados à Educação Ambiental.

PONTING, Clive. *Uma história verde do mundo*. Rio de Janeiro: Civilização Brasileira, 1995.

Mais que um brado de alerta que se junta ao coro de ecologistas de todo o mundo que lutam pela preservação da natureza, este livro é uma análise sistemática do que ocorreu ao longo dos séculos no capítulo dos crimes que a humanidade, a "civilização" e o "progresso" contra ela vêm praticando.

PORTILHO, Fátima. *Sustentabilidade ambiental, consumo e cidadania*. São Paulo: Cortez, 2005.

Esta obra trata de uma transformação recente no campo de disputa do ambientalismo internacional: o deslocamento da questão ambiental da produção para o consumo. Como consequência, verifica-se o surgimento de políticas ambientais voltadas para a esfera do consumo, além de expressões como "consumo verde", "consumo sustentável", "consumo responsável", "consumo ético", etc.

RIBEIRO, Helena. *Olhares geográficos*: meio ambiente e saúde. São Paulo: Senac, 2005.

Oito geógrafos abordam questões relacionadas à saúde pública e à educação ambiental. Dando continuidade a uma tradição da geografia em relacionar as ciências da Terra com as humanas, eles destacam a relação que se impõe entre o meio ambiente e a sociedade.

RUSCHEINSKY, Aloísio *et al*. *Educação ambiental*: abordagens múltiplas. Porto Alegre: Artmed, 2007.

A obra reúne reflexões, propostas e experiências de importantes pesquisadores e educadores brasileiros a respeito dessa temática tão urgente. O enfoque situa-se na diversidade de abordagens e na multiplicidade de relações da Educação Ambiental com diferentes dimensões, como a economia, os atores sociais, a cultura, as instituições, a sociedade.

SEWELL, Granville H. *Administração e controle da qualidade ambiental.* São Paulo: EPU, 2006.

Este livro é uma introdução à arte e à ciência de controlar as atividades humanas que afetam o ambiente natural. A linguagem e os assuntos escolhidos têm a finalidade de explicar a matéria sob o aspecto das ciências sociais e humanas, ou dos primeiros estágios de uma educação científica e tecnológica.

TANNER, R. Thomas. *Educação ambiental.* São Paulo: Edusp, 1978.

Uma apresentação constrangedora e, por vezes, assustadora do fato de que "a Terra, como sistema de suporte de vida, está se deteriorando". O autor nos apresenta um plano de sobrevivência, afirmando que a Educação Ambiental deve ajudar o homem a encarar uma Renascença mais complexa que a original, há cinco séculos.

TRIGUEIRO, André. *Meio ambiente no século 21.* Rio de Janeiro: Sextante, 2003.

Neste início do século 21, em que a humanidade enfrenta o esgotamento acelerado dos recursos naturais do planeta, num ritmo sem precedentes na História, vinte e um autores foram desafiados a explicar como a questão ambiental se insere em suas respectivas áreas de conhecimento.

TRIGUEIRO, André. *Mundo sustentável* – abrindo espaço na mídia para um planeta em transformação . São Paulo: Globo, 2005.

O livro reúne uma seleção de artigos, entrevistas e comentários do jornalista veiculados na rádio CBN, no canal a cabo Globo News, no jornal *O Globo* e no *site* Ecopop. Alguns dos principais temas da atualidade – aquecimento global, água, biodiversidade, consumo irracional dos recursos naturais, lixo, energia, meio ambiente nas cidades – são destacados, com a colaboração de especialistas convidados pelo autor.

TRIGUEIRO, André. *Mundo sustentável 2* – novos rumos para um planeta em crise. São Paulo: Globo, 2012.

Neste livro o jornalista André Trigueiro busca oferecer um panorama de discussões, ideias e soluções em torno do tema da sustentabilidade.

UJVARI, Stefan Cunha. *Meio ambiente & epidemias*. São Paulo: Senac, 2004.

O livro mostra a contradição típica destes tempos, em que o progresso proporciona à humanidade recursos eficazes no combate às infecções causadas por seres vivos, mas também favorece a doença devido às modificações que opera na natureza.

UJVARI, Stefan Cunha. *Pandemias*: a humanidade em risco. São Paulo: Contexto, 2011.

Pandemia é uma epidemia de grandes proporções. Os cientistas temem que a humanidade seja vítima de uma pandemia capaz de matar dezenas e até centenas de milhões de pessoas no mundo todo. Este livro mostra o que pode acontecer com os seres humanos num futuro talvez próximo e tenta, também, demonstrar que não se discute mais se uma pandemia arrasadora vai aparecer, mas quando isso vai ocorrer.

VEIGA, José Eli da. *Meio ambiente & desenvolvimento*. 4. ed. São Paulo: Senac, 2009.

O livro investiga a compatibilidade entre desenvolvimento humano e crescimento econômico. Será mesmo possível conciliar essas duas metas? Será mesmo verdade que o desenvolvimento pode ser ambientalmente sustentável?

Referências bibliográficas

BOLETINS DA CÂMARA TÉCNICA DE SANEAMENTO DO COMITÊ DE BACIAS HIDROGRÁFICAS DO LITORAL NORTE. Disponíveis em: http://www.social-peek.com/Page/Comitê_de_Bacias_Hidrográficas_do_Litoral_Norte/4712118

CASTELLS, M. O "verdejar" do ser: o movimento ambientalista. In: *O poder da identidade*. São Paulo: Paz e Terra, 2000.

CHERRER-WARREN, I. ONG's na América Latina: trajetória e perfil. In: VIOLA, J. E. et al. *Meio ambiente, desenvolvimento e cidadania:* desafios para as ciências sociais. São Paulo/ Florianópolis: Cortez/ UFSC, 1995.

DINIZ, Eliezer. M. Os resultados da Rio+10. *Revista do Departamento de Geografia*, São Paulo, USP, n. 15, 2002.

FUNDACENTRO. *Saneamento do meio*. São Paulo: Fundacentro/Faculdade de Saúde Pública da USP, 1992.

GODOY, Sara G. M. de; PAMPLONA, João B. O protocolo de Kyoto e os países em desenvolvimento. *Pesquisa & Debate*, São Paulo, v. 18, n. 2 (32), 2007.

GOLDEMBERG, José. *Energia e desenvolvimento sustentável*. São Paulo: Blücher, 2010.

MAGOSSI, Luiz R.; BONACELLA, Paulo H. *Poluição das águas*. São Paulo: Moderna, 2013.

MCCORMICK, John. As raízes do ambientalismo. In: *Rumo ao paraíso*: a história do movimento ambientalista. Rio de Janeiro: Relume-Dumará, 1992.

PROTOCOLO DE KYOTO À CONVENÇÃO-QUADRO DAS NAÇÕES UNIDAS SOBRE MUDANÇA DO CLIMA, 1995.

Revista Água Online – nº 556.

Revista National Geographic (Brasil) – edição especial CO_2 – outubro de 2011.

Revista National Geographic (Brasil) – edição especial Água – abril de 2011.

Revista Planeta – edição 482, ano 40 – novembro de 2012.

Revista Quanta: ciências da Natureza e sua tecnologia, nº 09/2013 – ano 2. Editora Segmento.

Revista Scientific American (Brasil), nº 12 – edição especial: a Terra na Estufa.

Revista Superinteressante: edição 218 – outubro de 2005.

Scientific American (Brasil), nº 41, ano 4 – edição especial: O Planeta no Limite. Outubro de 2005.

Viola, Eduardo. *A degradação socioambiental e a emergência dos movimentos ecológicos na América Latina*. Boletim de Ciências Sociais, 48, Florianópolis, UFSC, 1988.

WORLDWATCH INSTITUTE. *O estado do mundo* – rumo à prosperidade sustentável, Rio +20. WWI, 2012.

WWF. Relatório Planeta Vivo 2012. *A caminho da Rio +20*. Disponível em: http://www.wwf.org.br/natureza_brasileira/especiais/relatorio_planeta_vivo. Acesso em: 15 abr. 2015.